QUATORZE MILLIONS D'EUROS

Préface

Les hommes et les femmes d'aujourd'hui l'ont sans doute oublié, mais le tramway était partie intégrante de la vie de nos anciens au cours de la première moitié du XXe siècle. Il était partout dans nos villes et constituait le moyen de transport le plus utilisé. Songeons qu'en 1900, Paris et le département de la Seine totalisaient alors 108 lignes de tramway pour un réseau long de quelque 814 kilomètres.

Pour beaucoup, il n'était pas seulement un moyen de transport. Dans son roman sobrement intitulé *Le tramway,* paru en 2001, le prix Nobel de littérature Claude Simon relate ses premiers pas dans la vie lorsque, tout jeune, il empruntait les quinze kilomètres de voies du tramway de Perpignan qui le conduisaient sur le chemin de l'école. Un chemin qui permit au petit voyageur de goûter les douceurs de la vie et d'aller à la rencontre des hommes.

Après-guerre, le tramway est remisé aux oubliettes de l'histoire. De grandes fêtes sont même données dans certaines villes pour célébrer la fin d'une ère… Place désormais à l'automobile individuelle en matière de transport de masse. Selon la formule du président Pompidou, il s'est agi "d'adapter la ville à la voiture". Une politique dont on connaît les résultats : engorgement, problèmes de stationnement, pollution, nuisances sonores, accidentologie…

Il aura fallu que les élus de Nantes, Grenoble et Strasbourg décident d'en finir avec le « tout automobile » pour que le tramway fasse enfin son retour dans nos centres urbains à la fin des années 1980. Aujourd'hui, 30 agglomérations disposent ou disposeront prochainement de cet outil d'aménagement urbain.

Car, n'en doutons pas, le tramway n'est pas seulement un mode de transport : c'est un moyen de refaire la ville. En rendant possible une réduction de la circulation, le tramway transforme la réalité et l'image de la ville. Il rend plus attractif, rayonnant sur le plan commercial et culturel les cœurs de ville. Il est créateur de nouvelles solidarités entre les quartiers. En un mot, et pour reprendre la formule heureuse de l'agglomération bisontine, on peut parler d'une véritable "*métramorphose*" de nos villes.

De nombreuses agglomérations de taille moyenne ont adopté le tramway, démontrant ainsi qu'il n'est pas seulement le mode de transport des grandes métropoles. Mais pour qu'il puisse continuer d'irriguer nos territoires et d'améliorer la qualité de vie de nos concitoyens, il nous faut impérativement l'adapter aux nouvelles réalités, en particulier financières, de notre temps.

C'est la raison pour laquelle élus, techniciens, industriels, opérateurs, ingénieries se sont réunis il y a maintenant plus d'un an pour voir quelles étaient les solutions possibles et immédiatement réalisables pour proposer un tramway à moindre coût pour la collectivité - ce qui ne veut pas dire, et j'insiste sur ce point, proposer un tramway *low-cost*.

C'est tout l'objet de ce roman que de raconter, avec un réalisme talentueux, ce que pourrait être la nouvelle page de l'histoire du tramway à la française. Comment des hommes et des femmes, déterminés à transformer l'agglomération de Rosalban, sont parvenus à concevoir et mettre en œuvre, en l'espace d'une mandature, un tramway de qualité dont le coût ne dépasse pas quatorze millions d'euros du kilomètre. Si la ville et les personnages sont fictifs, les solutions employées sont rigoureusement réalistes.

Transformer l'idée en réalité, n'est-ce pas là, au fond, la base de l'action politique? C'est à cette utopie concrète que nous devrons nous atteler, si l'on veut redonner de l'air à nos villes.

Roland Ries – 13 septembre 2015

TEMPS 1 : LA PRÉPARATION

TEMPS 2 : DE L'AVANT-PROJET AU CHOIX DES ENTREPRISES

TEMPS 3 : DES TRAVAUX À LA MISE EN SERVICE

ÉPILOGUE

DOCUMENTS

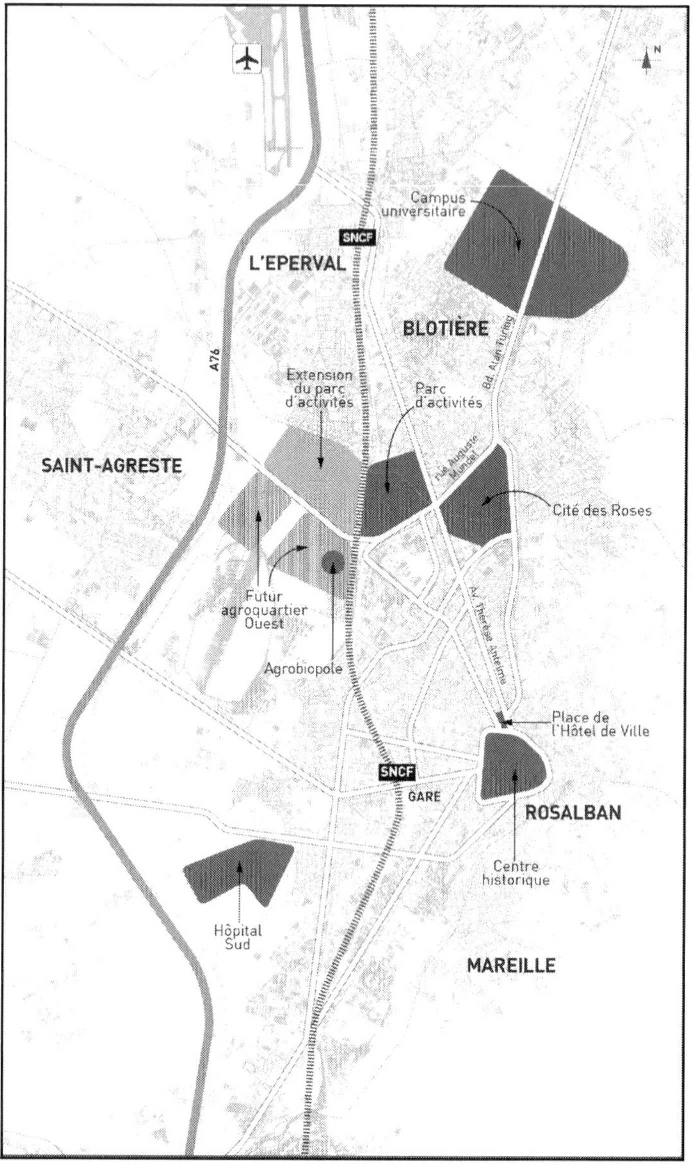
Campus
universitaire
SNCF
L'EPERVAL
BLOTIÈRE
Bd. Alan Turing
A76
Extension
du parc
d'activités
Parc
d'activités
SAINT-AGRESTE
rue Auguste
Mundel
Cité des Roses
Futur
agroquartier
Ouest
Agrobiopole
Av. Thérèse Anteime
Place de
l'Hôtel de Ville
SNCF
GARE
ROSALBAN
Centre
historique
Hôpital
Sud
MAREILLE

TEMPS 1 : LA PRÉPARATION

– 1 –
Le dossier financier

Septembre année 1 (M - 58)

– Monsieur le président, le vice-président Thaler et M. Spirel sont là.
– Dites-leur d'entrer.

Jean-Dominique Leloup, contournant son bureau, fit signe à ses visiteurs de prendre place avec lui autour de la table carrée sur laquelle Spirel déposa un assez volumineux dossier.

– Bon, attaqua Thaler, nous avons refait les simulations. Tout intégré, avec le versement transport, les subventions et les prêts, on arrive bien à un budget d'investissement de cent quatre-vingt-dix millions d'euros.
– C'est donc un peu moins que ce que nous espérions, répondit Jean-Dominique Leloup.
– En effet... commença Spirel en s'attaquant de deux doigts experts à la boucle de son dossier à sangle.
– Mais il faudra bien arriver à faire la première ligne dans cette enveloppe, reprit Leloup.

Les doigts du jeune directeur financier se replacèrent sagement sur la table tandis que le président se levait. L'air absorbé par ses chaussures comme s'il suivait au sol une ligne imaginaire, il alla se poster à la fenêtre où il s'octroya quelques secondes de solitude en contemplant la place de l'Hôtel de Ville. L'heure de pointe approchait. Le flot lent et saccadé des voitures, la densité de population sous l'abribus, la rumeur de la ville ne mentaient jamais sur ce point.

Spirel attendit que le président sortît de sa rêverie puis suggéra timidement qu'au lieu de construire un tramway, on pourrait s'orienter vers une solution moins coûteuse. Il ne tarda pas à le regretter.

– Où avez-vous hiberné pendant la campagne ? demanda le président interloqué, avant de se rappeler que Spirel venait d'arriver à Rosalban.

13

Thaler résuma :

— Écoutez Spirel, on ne va pas vous repasser le film, mais sachez que toutes les options, notamment celle du BHNS[1] qui nous a beaucoup occupés, ont été parfaitement étudiées durant le mandat précédent. Nous avons fait le choix du tramway, entre autres parce que c'est la solution la plus économique à long terme. Pour vous donner un seul exemple, au départ, l'infrastructure du tramway peut coûter jusqu'à deux fois celle du BHNS, je vous l'accorde. Mais cinquante ans plus tard, les rails du tramway seront fidèles au poste, il n'y a qu'à regarder ce qui se passe à Nantes, tandis qu'il aura fallu refaire trois fois la chaussée du bus.

— Oui, bien sûr si on raisonne sur la durée de vie... commença Spirel soucieux d'affirmer une compétence financière qu'il sentait subitement dévaluée.

— C'est ça, coupa Thaler. Il faut raisonner en coût global, en intégrant aussi le renouvellement et les charges d'exploitation. Bref, nous sommes retournés vers les électeurs avec un projet de tramway qui est un investissement de bon père de famille.

Sur le bureau, le téléphone sonna. Sa secrétaire informait Jean-Dominique Leloup que Maurice était là pour l'emmener à l'aéroport, qu'il avait prévu large, mais qu'à cette heure-ci c'était plus prudent.

— Bon, dit-il en se levant pour rassembler ses affaires, il faut y aller. Je veux dire, le budget est arrêté, allons-y. Le mot d'ordre, maintenant, c'est : pas de dépassement.

---

[1] Bus à haut niveau de service

– 2 –
En direct de Shanghai

Trois jours plus tard

Le nom de Jean-Dominique Leloup s'afficha sur l'écran du smartphone du directeur général des services de la communauté d'agglomération de Rosalban. Bernard Baroil remercia mentalement le patron d'avoir attendu qu'il fût vingt et une heure à Shanghai avant de passer son premier appel. Ici, les clients les plus matinaux commençaient tout juste à arriver sur le marché de la place de l'Hôtel de Ville. Baroil reposa le sachet de pêches qu'il s'apprêtait à payer et décrocha.

— Bernard, c'est extraordinaire ! Ils sont en train de construire 90 km de lignes de tramway ici. Les deux premières lignes viennent d'ouvrir, avec du matériel français, c'est superbe. Bon, pour nous, il n'y a pas une minute à perdre. Maintenant que nous avons calé le budget, où en sommes-nous sur la création de la SPL[2] ?

Baroil promit de voir cela avec la direction des affaires juridiques. Le président lui apprit en outre qu'il venait justement de recevoir la confirmation qu'un certain Antoine Queyzac serait a priori partant pour prendre la tête de la société qu'il souhaitait constituer pour mener le projet "en le contrôlant de A à Z, mais avec les méthodes du privé". À M..., Queyzac avait prouvé qu'il savait livrer une ligne de tramway en temps et en heure, et dans un budget parfaitement maîtrisé : il était indubitablement l'homme de la situation.

— Je compte sur vous, Bernard, reprit Leloup. Regardez aussi dans les services de la communauté, je souhaite transférer une ou deux personnes dans la future société.

Cette conversation matinale projeta Baroil six mois en arrière. La campagne électorale pour le second mandat de Jean-Dominique Leloup à la mairie de Rosalban avait été marquée par le projet de création d'une première ligne de tramway. C'était LE projet du mandat, et il fallait être prêt à couper le ruban six mois avant les prochaines

---

[2] Société publique locale

municipales, pour que les habitants aient le temps d'oublier les emm…
du chantier et d'apprécier le confort et l'efficacité de ce mode de
transport nouveau pour eux.
— Vous les prenez les pêches, monsieur ?
— Ah! Oui. Donnez-moi aussi un kilo de raisin s'il vous plaît. Il vient
d'où ?
— De Saint-Agreste, bien sûr, comme tout ce que nous vendons. Tout
ce que vous voyez ici est local.
De retour au bureau, Baroil appela le directeur des grands projets.
— Vu l'enjeu, il faut quelqu'un qui soit vraiment bon sur la gestion des
plannings.
— C'est clair.
— Dorothée est un peu jeune, mais avec Queyzac pour l'encadrer ça
devrait aller. Quand est-ce qu'elle revient ?
— Lundi justement.
— Tu lui en parles ?
— Je fais ça.

– 3 –
Les visiteurs de Stuttgart

Octobre année 1 (M - 57)

Le chauffeur du minibus arrêta le véhicule devant l'entrée l'hôtel de communauté. La porte arrière s'ouvrit, libérant trois hommes et deux femmes qui pénétrèrent tranquillement dans le hall.

— On me prévient qu'ils sont arrivés et que nous pouvons descendre, monsieur le président, dit Dorothée Stamp en glissant son portable dans la poche de sa veste.

— Prenons cinq minutes, je n'ai pas eu le temps de lire la note que vous avez préparée. Ah ! la voici. Ils viennent d'où déjà ?

— De Stuttgart, mais il y a deux Français dans le groupe. C'est une entreprise qui développe des techniques de compostage pour particuliers et qui fait pas mal de recherche. Ils cherchent à s'installer en France et s'intéressent à Rosalban. Il y a une cinquantaine d'emplois à la clé, plutôt qualifiés.

— Intéressant, dit Leloup en parcourant en diagonale la documentation préparée par Stamp. Vous allez retrouver votre bébé ce matin alors !

Réalisant sa maladresse, Leloup se reprit aussitôt.

— Je veux dire l'Agrobiopole, bien sûr !

Rentrée une semaine auparavant d'un congé de maternité, Stamp retrouvait en effet avec émotion cet équipement livré huit mois plus tôt, tête de pont d'une filière agro-biologique appelée à devenir l'axe de développement majeur de l'économie rosalbanaise. La jeune femme avait démontré à cette occasion une aptitude incontestable au pilotage de projet dans le respect scrupuleux des délais.

La délégation fut reçue dans un salon d'accueil où du café fut servi. Les présentations faites, Jean-Dominique Leloup entreprit de vanter les mérites de l'agglomération à ses hôtes rassemblés face à un grand plan mural. Ville médiévale fortifiée, Rosalban était sortie de ses remparts au 17e siècle pour s'étirer le long du coteau des Estables qui bordait l'agglomération à l'est. Son développement se faisait aujourd'hui plutôt vers le nord-ouest, en direction de l'autoroute et de l'aéroport. La commune de Saint-Agreste restait un peu excentrée mais serait bientôt reliée à Rosalban par une urbanisation progressive. Il souligna que la

forme plutôt longitudinale de l'agglomération se prêtait bien au transport en tramway.
– Nous sommes justement en train de lancer le projet de la première ligne, expliqua-t-il, qui devrait d'ailleurs desservir l'Agrobiopole. Nous n'avons que 150 000 habitants dans l'agglomération, mais je ne vois aucune raison de limiter le *Straßenbahn* aux grandes villes. Contrairement à vous, à Stuttgart et dans le reste de l'Allemagne, nous *Franzosen* avons démonté quasiment tous nos tramways dans les années 1950-1960. C'était ringard ! Vive la bagnole ! Et quand nos villes ont commencé à s'asphyxier, il a fallu dérouler le tapis rouge pour redonner envie aux gens de prendre le tramway. C'est comme ça qu'à Nantes, à Strasbourg et à Grenoble, on a inventé ce qui allait devenir le *tramway à la française*. Un bijou dans un écrin ! Et cela a marché. Les Français adorent le tramway, quand ils ont la chance d'en avoir un.

Traduit par l'un des Français du groupe, ce discours déclencha force hochements de tête et coups d'œil entendus.
– À Stuttgart, nous avons cette chance en effet, même si nos lignes ont un *look* un peu différent des vôtres. C'est un moyen de transport très utilisé.
– L'ennui c'est que nous Français avons pris l'habitude de *faire cher* C'est presque devenu une habitude culturelle ! Et c'est absurde car ce coût excessif écarte le tramway des villes moyennes. Je ne dis pas qu'il faille en construire partout, mais vous savez, à partir de 35 000 passagers par jour, le tramway se justifie. Économiquement, je veux dire. Un tramway est fait pour transporter beaucoup de monde. Il ne faut pas raisonner en kilomètres parcourus comme le fait parfois la Cour des comptes, mais en nombre de personnes transportées.

Stamp se rapprocha de Jean-Dominique Leloup pour lui rappeler que le temps de leurs hôtes était sans doute compté et qu'on les attendait depuis un moment déjà à l'Agrobiopole.
– Voilà Dorothée qui me rappelle à l'ordre, dit-il. Elle a horreur de toute espèce de retard. Et elle a bien raison, ajouta-t-il avec un regard amical dans sa direction.

Il prit la tête de la délégation, qui se dirigea vers le minibus.
– Je suis convaincu, poursuivit-il en marchant d'un bon pas, qu'il est possible de faire un tramway efficace, qualitatif et peu coûteux pour peu que l'on change les façons de faire. Justement en s'inspirant de

ce qui se fait en Allemagne ou en Belgique, mais aussi dans certaines villes françaises, comme à Besançon par exemple. Stamp s'assit à la droite du chauffeur.

– Je vais vous guider, dit-elle.

– 4 –
Pragmatisme à la belge

Le même jour, à Bruxelles (le soir)
- Donc tu vas y aller ?
- Ça m'a l'air parti pour.
- C'est comment Rosalban ?
- Une ville moyenne sympa, plutôt dynamique. Et le maire m'a fait une très bonne impression. Il est aussi le président de la communauté d'agglo, c'est elle qui finance le projet. Le budget est d'ailleurs une des premières choses dont il m'ait parlé. Ils peuvent y consacrer cent quatre-vingt-dix millions d'euros d'investissement. Le maire a un peu peur que ça soit juste.
- Et toi, tu en penses quoi ?

Pendant que le serveur déposait devant eux deux demis de bière, Antoine Queyzac répondit à son ami Hans Jansen qu'il lui semblait possible de viser un peu moins de seize millions d'euros le kilomètre. Comme Jansen mimait l'évidence, Queyzac précisa que, en France, les projets de tramway s'apparentaient souvent à de prestigieuses opérations d'aménagement urbain, qui coûtaient forcément cher rapportées au kilomètre de ligne. Rosalban, au contraire, envisageait simplement le tramway comme un moyen de transport, ce qui, financièrement parlant, allait dans le bon sens.

- Ça n'empêche pas, ajouta-t-il, qu'il faudra adopter un management de projet très strict pour ne pas sortir du budget initial. Le maire, enfin le président, a bien compris que son rôle de décision et d'arbitrage serait capital, ajouta-t-il. C'est ce qui m'incite à dire oui à Rosalban.

Les moules frites arrivèrent.

- Ils ont déjà pas mal réfléchi, reprit-il. On sait à peu près où il va passer, ce qu'ils veulent maintenant, c'est lancer le projet.

Quelques jours auparavant, Leloup avait expliqué à Queyzac pourquoi il créait une SPL. Il voulait disposer d'une structure entièrement dédiée au projet qui travaille en équipe resserrée dans l'objectif de maîtriser les coûts et les délais.

- C'est quoi une SPL ? demanda Jansen

– Une société publique locale : la ville de Rosalban et la communauté d'agglomération sont les seuls actionnaires. C'est une société publique, mais elle est régie par le code du commerce. C'est donc beaucoup plus souple. Comme dit Leloup, c'est une *business unit* avec sa comptabilité propre. Nous avons aussi parlé de la Belgique et du tramway de la Côte[3], je lui ai raconté ton histoire de bâton pilote, qui l'a beaucoup amusé.

L'ingénieur Jansen adorait raconter cette anecdote à ces intellectuels de Français qui prenaient un plaisir esthétique à tout compliquer. Sur la ligne de la Côte, l'une des plus fréquentées d'Europe, où certaines sections sont à voie unique, les rames de tramway circulent en sens opposé sur les mêmes rails, des zones de dégagement leur permettant de se croiser. Encore récemment, elles ne pouvaient le faire que si les conducteurs se passaient un bâton, comme dans une course de relais. Ce système des plus rudimentaires est efficace à 100 % pour éviter les collisions. Aussi efficace qu'une signalisation ferroviaire pouvant coûter plusieurs centaines de milliers d'euros.

– Tu commences quand, demanda Jansen ?

– Je voudrais certaines garanties sur l'équipe que je pourrai constituer, répondit Queyzac en se penchant vers Jansen. Et ça dépend en partie de toi. Je leur ai vanté le pragmatisme belge et ton expérience des projets à l'international. Ils sont impatients de te rencontrer pour le poste de directeur technique. Il va falloir travailler en liaison étroite avec la maîtrise d'œuvre, analyser chaque décision et voir ce qu'elle implique en termes de coûts.

Devant Jansen interdit, il poursuivit.

– Je dois aussi rencontrer une certaine Dorothée je-ne-sais-plus-comment, de la communauté d'agglo, dont le maire me dit le plus grand bien et qui pourrait prendre le poste de coordinatrice générale du projet. Il faudra aussi un responsable administratif et financier, quelqu'un qui s'y connaisse en marchés publics, car la SPL y est quand même soumise.

---

[3] Kusttram : 68 arrêts entre La Panne et Knokke

– 5 –
En route vers Saint-Agreste

Novembre année 1 (M - 56)

À vingt heures dix, Bernard Baroil monta dans l'ascenseur B de l'hôtel de communauté pour se rendre au parking du deuxième sous-sol. Il se repassait mentalement le film de la journée et en était à "ce con nous a fait perdre deux heures ce matin…" quand la porte s'ouvrit sur un homme qu'il prit d'abord pour un coursier.
 – Ah! Bernard ! Vous tombez bien. Ma moto est en panne et je viens de m'apercevoir que j'ai oublié mon badge pour remonter au huitième, dit Jérôme Lalère en ôtant son casque intégral.
 – Je vous dépose à Saint-Agreste si vous voulez, ça ne me fait pas faire un grand détour.
Dans la voiture, le DGS[4] et le vice-président, maire de Saint-Agreste, échangèrent leurs impressions sur la préparation budgétaire de ce début de mandat, ce qui conduisit rapidement Lalère à aborder la question du tramway.
 – Je sais bien que les deniers publics sont comptés, commença-t-il, mais plus j'y pense plus je suis convaincu qu'il faut rapidement faire monter le tramway jusqu'à Saint-Agreste. Ça fait complètement sens par rapport à ce qu'on est en train de faire sur la commune, en lien avec l'Agrobiopole. Le plan pour l'agriculture périurbaine est une très bonne chose, mais on reste trop excentré.
 – Hum hum, répondit Baroil qui n'était pas en situation de faire valoir ses doutes sur la question, et qui de toute façon ferait tout ce qui était en son pouvoir pour contrer toute tentative de s'écarter de la promesse électorale de Jean-Dominique Leloup : le tramway irait de l'hôpital à l'université avec une branche vers l'Agrobiopole, point.
Il tenta une diversion.
 – Au fait, l'inauguration de la ressourcerie, c'est quand déjà ?
 – Jeudi prochain. Jean-Do sera là, il verra concrètement tout ce qui est en train de se mettre en place. C'est énorme. En plus de l'agriculture bio, Saint-Agreste est en train de devenir un centre

---

[4] Directeur général des services

d'innovation en matière d'économie circulaire et de "zéro déchets".
Ça n'en a pas l'air mais les enjeux sont colossaux.
Passé l'Agrobiopole, la voiture de Baroil s'engagea sur la route de Saint-Agreste et fila vers l'ouest. À cette heure-ci, le trafic était fluide. De part et d'autre de la route, les terres agricoles devaient leur maintien à la protection de règlements d'urbanisme successifs, mais la pression foncière se faisait chaque année plus insistante. Un projet de développement maîtrisé de l'urbanisation le long de cet axe était dans les cartons, dont Baroil se promit de reparler dès le lendemain avec le directeur des grands projets. Il avait la vague impression que *l'agro-quartier ouest*, ainsi qu'on l'appelait au sein de la technostructure communautaire, n'allait pas tarder à refaire surface.

– 6 –
Faire avec la loi MOP

Le lendemain
- Salut Paul !
- Salut Fillette ! Qu'est-ce que tu m'apportes dans ton petit panier : une galette et un petit pot de beurre ?
- Allons, Mère-Grand ! Ce sont les légumes de la Ferme du Puits que tu as commandés pour tes soupes bios du jour.
- Comment vas-tu ma belle, et qu'est-ce que je te sers ? répondit le patron du bistrot à la brune toute de rouge vêtue qui posa son panier, s'accouda au comptoir et se fit servir un demi.

À la table près de la fenêtre, on trinqua. Deux hommes, deux femmes. Le barbu était Antoine Queyzac, que le conseil d'administration de la SPL Rosatram venait de nommer au poste de directeur général. Enfin, barbu... En face de lui, Irène Billetdoux se demandait combien de temps encore durerait cette mode de la barbe de trois jours (ou plus), qui vous donnait l'air de sortir de garde à vue (ou de rentrer de huit jours en mer). Elle-même portait le cheveu ras et des lunettes à monture alambiquée. Elle venait de rejoindre la SPL en qualité de responsable administratif et financier. Les deux autres étaient Hans Jansen et Dorothée Stamp, qui avaient eux aussi décidé de participer à l'aventure.

Au bruit des verres, la brune du bar se retourna et, reconnaissant Stamp, s'approcha de la table en souriant. Dorothée fit les présentations. Rita Joyeux et elle s'étaient connues sur le projet de l'Agrobiopole. En sa qualité d'enseignante chercheuse en agronomie, Rita avait été déléguée par l'université de Rosalban pour participer à la définition du projet.

- Coordinatrice générale du projet de tramway, c'est top ! s'exclama Rita. Ce serait vraiment bien que Rosalban ait un tramway, dit-elle. C'est tellement galère d'aller à l'université avec ce bus qui passe quand il veut. Même l'Agrobiopole est assez mal desservi. J'en profite pour vous dire... fouillant dans son sac, elle en ressortit quelques flyers froissés... nous organisons un cycle de conférences sur l'économie circulaire. Venez, c'est vraiment intéressant.
- C'est quoi, l'économie circulaire ? demanda Billetdoux.

– Pour faire simple, c'est une économie du recyclage, par opposition à une économie du jetable ou, pour mieux dire, du déchet, expliqua Rita.
– Le Pape en a parlé dans son encyclique sur la conversion écologique en 2015. En latin, on dit *circularis oeconomia*, ajouta Jansen, sous le regard vaguement inquiet de Queyzac.

Rita partie, la discussion reprit là où elle s'était interrompue. Il fallait se mettre au travail sans tarder et la première chose à faire était de missionner une équipe de maîtrise d'œuvre. Jansen préconisa de passer plutôt un marché de conception réalisation, beaucoup plus efficace selon lui pour maîtriser les coûts et les délais.

– Hélas mon cher Hans, il va falloir vous mettre à l'heure française, dit Billetdoux.
– Irène veut sans doute parler de la loi MOP[5], précisa Queyzac.
– Exact. Cette loi stipule que, pour la réalisation d'un ouvrage sous maîtrise d'ouvrage publique, la mission de maîtrise d'oeuvre doit être distincte de celle d'entrepreneur.
– Et ça concerne aussi les infrastructures, pas seulement les bâtiments ? lui demanda Jansen étonné.
– Eh oui… soupira-t-elle. Il y a bien quelques cas de dérogation… Il faut soit un engagement chiffré sur des performances énergétiques, mais seulement pour les projets de réhabilitation, soit une complexité particulière. Mais il n'est pas conseillé de jouer la dérogation. C'est très risqué juridiquement.
– Surtout que le tramway de Rosalban n'a rien de particulièrement complexe a priori, poursuivit Queyzac. Non, la seule chose qu'on puisse faire, c'est choisir une ingénierie qui partage nos préoccupations en termes de coûts et de délais, et qui soit force de proposition.
– Qu'est-ce qui nous empêche d'ouvrir les appels d'offres aux variantes ? suggéra Billetdoux. Cela se fait très rarement, mais ça pourra inciter les entreprises à proposer des solutions imaginatives pour réduire les coûts.

À ces mots Jansen sembla se détendre un peu. Et Queyzac se dit que Baroil ne s'était pas trompé en lui déléguant cette juriste atypique aux drôles de lunettes, qui semblait déjà avoir tout compris. Il commanda une nouvelle tournée.

---

[5] Maîtrise d'ouvrage publique

– 7 –
Quand Rita s'en mêle

Quelques jours plus tard

Jean-Dominique Leloup (texto) : "Vous avez lu la presse ? Notre amie Rita sait faire parler d'elle ! Même Lalère n'a pas fait mieux".

Queyzac posa sa tasse de café pour se connecter à latribunederosalban.fr, saisit son mot de passe sous l'identifiant pré-rempli et parcourut les titres du jour. Ce ne pouvait être que celui-ci : "Le tramway doit venir jusqu'à Saint-Agreste !" En marge d'un article relatant l'inauguration de la ressourcerie, le journaliste avait réalisé une brève interview de Rita Joyeux après que celle-ci eut interpellé bruyamment le président Leloup. Une jolie photo de la jeune femme au panier de l'autre jour s'épanouit sur l'écran de l'ordinateur. Pour la porte-parole de la Ferme du Puits qui, apprit Queyzac, était en passe de devenir un haut-lieu de la permaculture en France, le tramway devait sans tarder venir jusqu'à Saint-Agreste. Il pouvait spectaculairement *"booster"* les ventes de la coopérative biologique et de sa quinzaine de producteurs. Le tramway constituait le moyen le plus efficace et le plus écologique pour rapprocher les producteurs des consommateurs. Il deviendrait beaucoup plus agréable et économique de se rendre à la coopérative qu'à l'hypermarché… Ils ne doutent vraiment de rien ces babas cools, pensa Queyzac.

Il en était là de sa lecture quand son portable émit un nouveau son.

Bernard Baroil (texto) : "Qu'est-ce que tu as prévu pour la concertation ? On dirait que le débat public est reparti. Il ne faut pas nous laisser déborder par nos amis du Grand Ouest."

Tout compte fait, il fallait peut-être prendre Rita et les "permaculteurs" au sérieux, se dit Queyzac, qui trouvait assez exotique l'importance attachée à l'agriculture et à tout ce qui tournait autour de l'écologie dans cette ville de Rosalban qu'il découvrait. Depuis qu'il était arrivé, il avait entendu parler plusieurs fois de l'Agrobiopole, mais aussi d'un certain Plan pour l'agriculture périurbaine, qui semblait mobiliser fortement le président. Et qui, comme par hasard, concernait au premier chef Saint-Agreste, commune récemment entrée dans la communauté d'agglomération, dont le maire, sans être du même bord

que Jean-Dominique Leloup, comptait parmi ses alliés (de qui tenait-il cela, déjà ?).
Reprenant sa lecture, Queyzac tomba justement sur ces mots, que le journaliste prêtait à Jérôme Lalère : "Avec le tramway, Rosalban peut devenir un modèle d'agglomération intégrant l'agriculture biologique dans son développement, avec tout ce que cela implique en termes d'emploi, de paysage et bien sûr de santé publique. La France est très en retard en matière d'agriculture bio, nous sommes obligés d'importer… etc."

– 8 –
Vive la frugalité !

Décembre année 1 (M - 55)

En sortant de la préfecture, Jean-Dominique Leloup annonça à Maurice qu'il rentrerait finalement à pied et non en voiture à l'hôtel de communauté. La réunion ayant duré moins longtemps que prévu, lui et Baroil allaient profiter de ce temps libre inespéré pour marcher un peu.
 – Eh bien Bernard, dit-il au bout de trois cents mètres, vous devriez vous remettre au sport !

Rouge sous l'effort, Baroil confessa un certain éloignement de la pratique sportive. Il laissait sa voiture le transporter tranquillement matin et soir entre le garage de sa maison de L'Éperval et sa place attitrée au deuxième sous-sol de l'hôtel de communauté, et ne marchait pour ainsi dire jamais.
 – Je ne vais pas vous faire un cours sur la marche à pied, dit Jean-Dominique Leloup en accélérant le pas, vous savez sans doute que c'est le moyen le plus simple de rester en forme et de prévenir les maladies cardio-vasculaires. Mais je vous accorde que le centre de Rosalban n'est pas forcément très bien conçu pour.

Ils attendaient de pouvoir traverser la rue Thérèse Antelme. Leloup continuait de vanter les bienfaits de la marche à pied.
 – Plus les gens marcheront, moins il y aura de voitures. Et moins il y aura de voitures, plus ils auront envie de marcher, vous me suivez, Bernard ? C'est un cercle vertueux.

Cette idée de génie va nous faire économiser cent quatre-vingt-dix millions d'euros, n'osa formuler Baroil. Mais Leloup poursuivait, levant la voix pour couvrir le vacarme de la circulation.
 – C'est très sérieux ! À Lyon, ils on fait une sorte de schéma directeur pour rendre la ville "marchable". Les nouveaux espaces publics sont conçus en intégrant ce critère : il faut donner aux gens l'envie d'utiliser leurs pieds pour se déplacer. Mais le tramway en lui-même favorise la marche à pied. Il est tellement *désirable* que les gens sont prêts à marcher 500 m pour aller jusqu'à la station, alors qu'on n'obtiendra jamais ce résultat avec un bus.

Un téléphone vibra dans la poche du président qui prit l'appel de Jérôme Lalère. Ils échangèrent quelques mots puis Leloup dit posément au maire de Saint-Agreste :
– Tu sais bien que financièrement c'est très tendu, je doute fort que nous puissions réaliser cette ligne supplémentaire dans le mandat, Jérôme.
– Il vient encore de me parler de sa croissance verte, dit-il à Baroil après avoir raccroché. Il est en train de devenir accro à la chlorophylle celui-là. Remarquez, il n'a pas complètement tort, au contraire. D'ailleurs, entre nous, j'ai demandé à Queyzac d'étudier discrètement l'option Saint-Agreste, puisqu'apparemment notre budget n'est pas si ridicule que ça.

Baroil se fit confirmer ce point, qui contredisait les positions antérieures du président sur le tracé de la première ligne. Queyzac, expliqua ce dernier, lui avait longuement exposé ce qu'il appelait des principes de frugalité. En faisant la chasse au suréquipement et aux travaux inutiles que l'on reproduisait d'un projet à l'autre par habitude, on pouvait construire un tramway non pas *low cost*, mais juste normal, parfaitement efficace en termes de transport public et tout à fait qualitatif sur le plan de l'insertion urbaine.

– Ça me plaît, ce principe de frugalité. On n'est plus dans les années quatre-vingt. Je trouve cela moderne et bien adapté à Rosalban. Queyzac pense que la ligne de Saint-Agreste pourrait rentrer dans le budget, mais à condition de la traiter de manière encore plus frugale.
– Jérôme Lalère devrait être assez ouvert à ce genre d'approche, observa Baroil.
– Certes, mais j'aimerais autant que l'idée vienne de lui et qu'on ait à peu près validé financièrement ce scénario avant de le mettre sur la place publique.

Arrivé à son bureau, le président mit à profit la minute de liberté qui lui restait avant son prochain rendez-vous pour appeler Queyzac. Il lui demanda d'organiser un petit voyage d'étude à l'intention de quelques élus.

– Veillez à ce que Jérôme Lalère soit du voyage, précisa-t-il. Et demandez à Jansen de nous faire visiter les tramways belges… Comment ? En passant par Valenciennes pour voir la ligne en voie unique ? Oui, tout à fait !

– 9 –
Est-ce que ça tient dans le mandat ?

Cinq minutes plus tard

Jansen se faisant comme à son habitude désirer, Stamp et Queyzac commencèrent sans l'attendre la réunion consacrée au planning.
- Bon, pour le moment je tiens sur un peu moins de six ans, fit Stamp en tendant à Queyzac le planning général de l'opération qu'elle avait préparé.
- C'est un peu ennuyeux, répondit Queyzac en affectant un accent anglais assez agaçant, censé signifier un flegme à toute épreuve. Bernard nous attend avec un planning en cinq ans…
- … et avec un gourdin, oui je sais. Mais on doit pouvoir optimiser, c'est tout le but de la réunion.

Queyzac analysa quelques instants le document avant de répondre. On pouvait déjà gagner du temps sur la concertation. Le maire ayant été élu sur ce projet de tramway, on n'allait pas refaire le débat d'opportunité ni revenir en arrière sur le choix du mode, au demeurant parfaitement justifié ici. En outre, la loi laissant beaucoup de liberté, pouvait tout à fait rester au niveau "macro".
- C'est-à-dire ?
- Habituellement, on attend d'avoir fini les études d'AVP[6] pour monter le dossier d'enquête publique. Alors que rien ne l'impose ! On peut très bien mettre à l'enquête un dossier fait sur la base des études préliminaires, un peu étoffées suite à la concertation préalable, et *basta* ! C'est ce qu'ils font depuis longtemps à Montpellier, et la concertation comme les enquêtes publiques se sont toujours bien passées.
- Ah ! Et pendant l'enquête, tu lances les études d'AVP !
- Exactement ! Elles se font en temps masqué et tu gagnes six mois à un an. Mais attention, il ne faut pas se tromper de sujets pendant la concertation préalable : il faut que les vraies questions soient traitées. Celles qui doivent absolument avoir été débattues et tranchées avant l'enquête publique.
- Comme le fait de passer à l'est ou à l'ouest du centre historique ?

---

[6] Avant-projet (au sens de la loi MOP)

– Probablement, je ne connais pas encore suffisamment la ville pour savoir ce qui est important. Ni ce qui risque d'avoir un impact financier lourd, et qui sera donc à affiner dès le départ. En fait, voilà : il faut faire porter la concertation préalable légale sur les sujets à forts enjeux, mais rien n'empêche de continuer à la faire vivre sur des aspects pouvant se préciser plus tard sans bloquer le calendrier : le positionnement fin des stations, les teintes des matériaux, la végétation, certaines options de design et de couleur des rames, les œuvres d'art s'il y en a… Autrement dit, tout ce qui se voit, qui n'a pas d'impact sur le coût et qui n'est pas sur le chemin critique.

Stamp lui fit observer que, si on voulait comprimer le planning, on allait être obligé de mener de front les premières études, la concertation préalable et la consultation de maîtrise d'œuvre. Ou alors avec juste un léger décalé. Ça allait demander une organisation "béton" d'articuler ces différentes réflexions.

– *And that is why you are here my dear*, articula Queyzac comme s'il s'exerçait, sans grand succès, à parler avec des cailloux dans la bouche. Puis, reprenant d'une voix normale, tout en annotant le planning : C'est jouable à partir du moment où on fait justement une concertation au niveau "macro". Mais il est clair que tu vas devoir être très mobilisée là-dessus. Et après, au moment de l'enquête publique, il faut faire en sorte de traiter les réserves avant la remise du rapport, là aussi on gagne du temps.

– Ah ! Bon, mais on fait comment ? Salut Hans, dit-elle à Jansen qui venait d'arriver, en lui tendant un exemplaire du planning.

– C'est assez simple, il suffit de rencontrer plusieurs fois le président de la commission d'enquête, de prendre la température et de proposer des solutions aux problèmes ou aux réserves qui sont soulevés.

– Pour les acquisitions foncières, on sait à peu près où on va passer, on ne peut pas un peu anticiper ? demanda Jansen en touillant énergiquement son café, le nez dans le document et sans se préoccuper du cours de la conversation.

Il lui fut répondu que non, qu'il fallait la DUP[7] pour faire les "expros", que de toute façon on ne pouvait pas les faire avant d'avoir fini les études au niveau AVP, car on parlait en fait de rogner des propriétés

---

[7] Déclaration d'utilité publique

sur une centaine de mini parcelles. Bref il n'y avait pas énormément de temps à gagner de ce côté-là.
Un silence suivit cet échange, durant lequel chacun s'absorba dans l'analyse du planning.
 – Pour les réseaux, tu as prévu beaucoup de temps, observa enfin Queyzac.
 – On sait bien que ça dérape tout le temps. C'est sur le chemin critique, même si on peut classiquement planifier les chantiers de sorte à commencer la construction de la plateforme là où les réseaux ont déjà été déviés.
 – On doit quand même pouvoir pas mal optimiser, dit Queyzac en écrivant ce mot au-dessus du trait symbolisant cette phase. On a tendance à dévier systématiquement les réseaux alors que ce n'est pas forcément nécessaire. Par contre, tu dois prévoir un travail de synthèse des réseaux le plus tôt possible.
 – C'est-à-dire ?
 – Le repérage, le recollement et éventuellement des sondages. Il n'est pas toujours facile de savoir où sont les réseaux en fait. L'information de la collectivité est souvent fragmentaire. Il faut aller la chercher à la source, auprès des concessionnaires, quand elle existe. Tout ça prend du temps. Mais c'est indispensable pour bien préparer les travaux.
Jansen, qui avait maintenant entrepris de rouler une cigarette, lâcha :
 – Antoine a raison, cette information est fondamentale, pas seulement pour bien planifier les travaux de déviation des réseaux, mais aussi pour caler le tracé de la voie au plus juste, en trois dimensions.
 – En trois dimensions ? demanda Stamp.
 – Oui. Si tu ne sais pas précisément ce qu'il y a dans le sous-sol, tu vas caler ton tracé d'une certaine manière. Et un jour tu découvres qu'il aurait été plus pertinent de décaler légèrement le tracé, parce que là où tu as prévu de passer, il y a un réseau que du coup il va falloir dévier. C'est du temps et de l'argent qui n'ont pas été prévus. C'est comme ça que les projets dérapent. Comme je dis toujours, l'altimétrie doit être le point d'entrée des études, parce que c'est sur le génie civil qu'on fera les économies les plus substantielles. Et pas seulement à cause des réseaux d'ailleurs, mais je te raconterai ça une autre fois.

Stamp acquiesça et lui demanda ce qu'il pensait des presque deux ans et demi qu'elle avait prévus pour les travaux de la plateforme et la pose des équipements. Étaient-ils réalistes ?
– Plutôt confortables, je dirais, répondit Jansen. On n'est pas en Chine, d'accord, mais on doit pouvoir faire mieux, avec une bonne organisation voire avec des techniques de pose mécanisées ou de préfabrication, il faut voir. Deux ans me paraissent suffisants, même en gardant une marge d'aléa.

Queyzac approuva. Il ajouta que la durée des travaux ne serait maîtrisée, hors aléas, qu'à condition de ne pas revenir sur ce qui avait été décidé en amont. Ce serait leur "*job*" et celui du président que de veiller à ce que les décisions soient prises en temps et heure, et de manière irrévocable. Et fois la DUP signée, il fallait "tracer" sans se poser de question.

– OK, dit Stamp. Je vais tout de suite intégrer ces modifications. A priori on rentre bien dans les cinq ans, finalement !

− 10 −
Embouteillages et feuille de route

Le lendemain

On serait mieux dans le tramway, songeait Stamp au volant de sa voiture. En fait, je serais déjà arrivée au bureau. Depuis une demi-heure qu'elle avançait au pas derrière le 63, elle avait enregistré malgré elle chaque détail de l'affiche de "cul de bus" annonçant la sortie nationale du film *La Bavure*. Rien à attendre de l'autoradio, qui ne répondait plus à aucune stimulation depuis des mois. Encore un déchet à éliminer, se surprit-elle à penser.

Elle consulta pour la nième fois sa boîte mail, où une newsletter venait justement d'atterrir. Adressée à l'ensemble des agents et élus de la communauté d'agglomération, cette missive interne débutait par une adresse de Jean-Dominique Leloup. Voyant qu'il était question du tramway, elle la lut attentivement.

Le président appelait "chacun à se mobiliser sur ce projet stratégique pour l'agglomération rosalbanaise". La SPL Rosatram avait sa "feuille de route" : mener le projet de A à Z en organisant les études, les étapes administratives et les travaux afin de livrer le tramway en temps et heure, et dans l'enveloppe financière prévue. Fonctionnant comme une *"business unit"* dotée d'une comptabilité autonome pour assurer une parfaite transparence budgétaire, Rosatram allait mener le projet "tambour battant". *Sir, yes Sir !* murmura Stamp. Les services auraient "la haute mission de se comporter en facilitateurs" dans tout ce qui relevait encore, fallait-il le rappeler, de leurs prérogatives, notamment sur le plan administratif et réglementaire. Quant aux élus, il ne faisait aucun doute aux yeux du président qu'ils sauraient prendre en temps utile les décisions nécessaires. "Je veillerai personnellement, et avec la plus grande attention, au respect des engagements financiers. Pour cela, je m'apprête à rediscuter chaque poste de dépense. Aucune décision ne sera prise sans une parfaite connaissance de son incidence financière. Aucune décision ne sera prise sans la certitude d'avoir optimisé les coûts dans le respect de la qualité. L'une des premières tâches de la SPL sera d'ailleurs de mettre en place un outil de simulation de l'impact financier des choix techniques…",

Un coup de klaxon anormalement long lui fit relever la tête au moment précis où le feu, à cent mètres, passait à l'orange. *La Bavure* venait de franchir l'obstacle *in extremis*. Penaude, Stamp s'avança jusqu'au feu. Les derniers mots de Jean-Dominique Leloup lui rappelaient étrangement ceux d'Antoine Queyzac à propos de la détermination sans faille du maire de Besançon, "facteur clé de succès", comme il disait, de son fameux tramway. Le feu passa au vert.

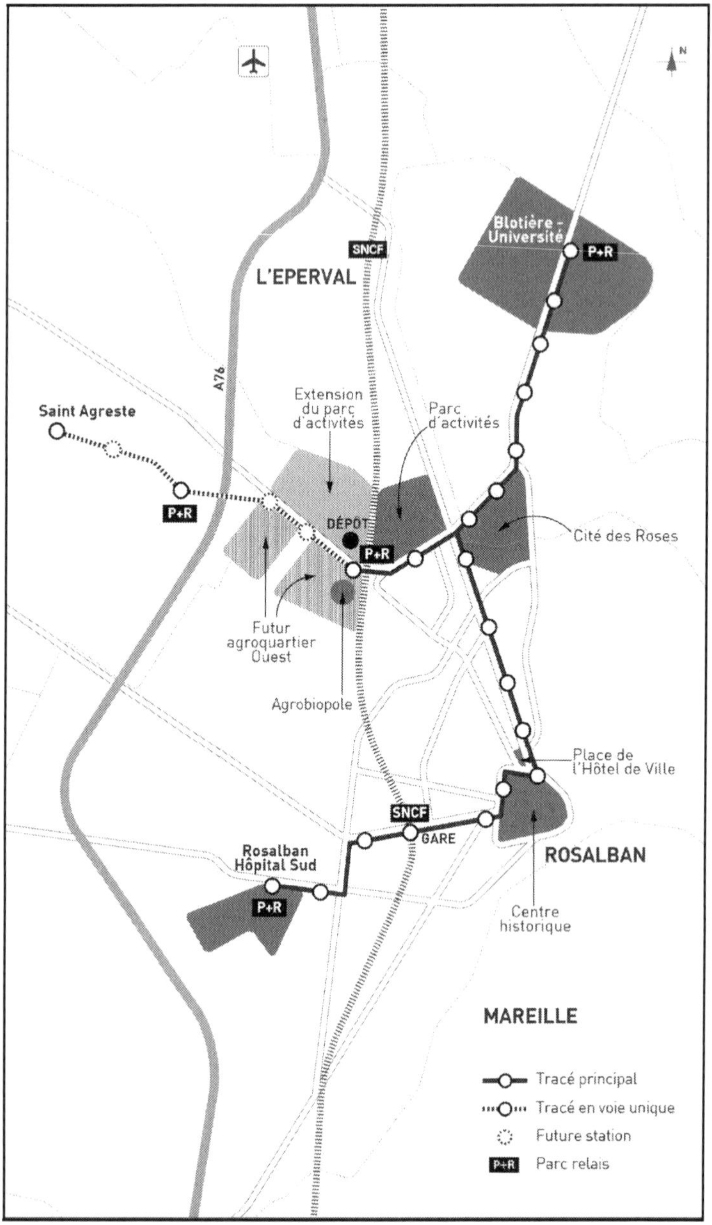

N
Blotière - Université
P+R
SNCF
L'EPERVAL
A76
Extension du parc d'activités
Parc d'activités
Saint Agreste
P+R
DÉPOT
P+R
Cité des Roses
Futur agroquartier Ouest
Agrobiopole
Place de l'Hôtel de Ville
SNCF
GARE
Rosalban Hôpital Sud
P+R
ROSALBAN
Centre historique
MAREILLE
Tracé principal
Tracé en voie unique
Future station
P+R Parc relais

– 11 –
Pourquoi on ne mettrait pas ces grands bus…

Février année 2 (M - 53)

Un spectacle d'un genre particulier se déroulait ce soir-là à la Maison de la Culture de Rosalban. La plus grande des deux salles avait été choisie pour la réunion publique de lancement de la concertation sur le futur tramway. Un public attentif occupait une dizaine de rangées de fauteuils au velours fatigué. La réunion avait commencé depuis dix minutes quand Irène Billetdoux pénétra dans la salle. Queyzac, le genou souple, le geste précis et appuyé, commentait un grand plan avec l'assurance enjouée d'un présentateur de la météo.

– …à terme, donc, le réseau de tramway de Rosalban pourra couvrir les trois grands corridors de circulation qui convergent vers le centre.

Queyzac fit signe au technicien de la régie de passer la diapo suivante. Ses mains et lui poursuivirent la présentation.

– Nos études ont confirmé l'intérêt de commencer par construire cette première ligne. Elle va relier l'hôpital à l'université en passant par le centre historique et la gare. Une branche partira à l'ouest, vers le parc d'activité en cours d'extension et l'Agrobiopole. À chaque extrémité, il y aura un parc relais pour permettre aux gens qui viennent de plus loin de laisser leur voiture et de prendre le tramway…

Apercevant la chevelure blonde de Stamp au premier rang, Billetdoux lui adressa un texto : "Jean-Do a déjà fini de parler ?" *Dorothée Stamp à Irène Billetdoux (texto)* : "Oui, il a fait l'intro. Il a voulu faire court pour laisser du temps aux questions."

– … Le trait pointillé que vous voyez ici est une extension possible dont nous sommes en train d'étudier la faisabilité financière. Il s'agit d'une ligne en voie unique qui desservirait Saint-Agreste.

L'exposé dura encore une trentaine de minutes, le temps d'expliquer, entre autres, que des variantes de tracé avaient été examinées en fonction des emprises de voirie disponibles, et de l'objectif de placer les stations dans les secteurs les plus peuplés ou les plus fréquentés. Le tracé présenté ce soir avait été retenu comme le plus pertinent selon ces critères.

Quand vint le moment des questions, Queyzac regagna le fauteuil qui lui était réservé sur la scène, à côté de Jean-Dominique Leloup, de Jérôme Lalère et du maire de Blotière, où se trouvait l'université. La plus proche des deux hôtesses porteuses d'un micro trottina vers l'homme en veste de jogging, assis au troisième rang, qui voulait bien poser la première question. Après avoir précisé qu'il habitait S…, qu'il venait tous les jours travailler à Rosalban, en voiture parce que comment faire autrement, il voulait savoir si monsieur le maire de Rosalban avait quelque chose contre les gens de S… pour leur rendre la circulation impossible en centre-ville avec son tramway.

– Cher monsieur, soyez assuré que je n'ai rien contre les gens de S…, bien au contraire, répondit Jean-Dominique Leloup. C'est justement à leur attention que nous construisons le parc relais de Blotière : ils pourront… vous pourrez y garer votre voiture et poursuivre votre trajet en tramway. Je vous assure que vous ne regretterez pas le temps que vous passez aujourd'hui dans votre véhicule individuel. Et pendant que votre voiture sera au parc relais, celles de milliers d'autres habitants de l'agglomération resteront sagement au garage. Comme nous l'a montré monsieur Queyzac au début de sa présentation, notre objectif est précisément de *libérer* la voirie de l'automobile. Comment ? En procurant aux habitants un moyen de transport *plus agréable que la voiture*. Tous les exemples de villes ayant fait le choix du tramway montrent que, un an ou deux après sa mise en service, la fréquentation de l'ensemble du réseau augmente de trente à quarante pour cent. Cela veut bien dire que les gens qui, pour toutes sortes de raisons, préféraient prendre leur voiture plutôt que les transports en commun, se mettent à les prendre quand arrive le tramway.

Antoine aurait dû faire venir son ami psy, se dit Billetdoux. Queyzac avait justement diffusé la veille une étude du psychiatre K…, sur les ressorts psychologiques pouvant expliquer pourquoi le tramway séduisait ces nouvelles clientèles. Il y était question de miroir narcissique et de régression infantile agréable.

Une voix ingénue demanda si ça ne serait pas moins cher et plus simple de mettre ces grands bus qu'on voit maintenant un peu partout. Billetdoux fut enchantée de constater ses talents de médium en entendant Queyzac citer alors les travaux de K…, mais déchanta bien vite en le voyant bafouiller, s'enfoncer… puis reprendre pied dans son plus pur style "techno".

– ...autrement dit, le tramway est le mode le plus efficace pour amener de nouveaux usagers vers les TC. C'est le plus fiable à l'accostage pour les PMR[8]...

À ces mots, l'oreille politique de Jean-Dominique Leloup émit un signal d'alerte. Queyzac était en train de partir en vrille. Il se leva.

– Je voudrais répondre à la question de madame, qui demande si le bus ne coûterait pas moins cher. C'est une question TRÈS pertinente. Et la réponse est OUI, chère madame, le bus coûte moins cher... à l'achat. Mais il dure beaucoup moins longtemps ! il faut en racheter régulièrement. Pourquoi notre agglomération a-t-elle fait le choix du tramway ? Parce que nous voulons investir dans du matériel qui dure, et qui à long terme s'avère donc plus économique. Et pas seulement pour la raison que je viens d'évoquer, mais aussi parce qu'il suffit d'un conducteur de tramway pour transporter environ deux cent cinquante personnes, quand il faut deux chauffeurs de ces grands bus dont vous parlez pour en transporter autant. Cela aussi, ça coûte, comprenez vous ?

La dame fit signe qu'elle comprenait.

– La question de madame, nous nous la sommes posée, poursuivit le président en redressant les épaules pour embrasser toute la salle du regard. Nous nous sommes demandé si Rosalban avait les moyens d'investir dans un tramway. Nous avons fait nos comptes et nous avons décidé que oui, le jeu en valait la chandelle. Que pour que notre agglomération reste attractive et dynamique, il fallait faire faire à nos transports collectifs un *saut qualitatif et quantitatif*...

Il poursuivit ainsi quelques minutes. Lorsqu'il développa, ensuite, ce qui était devenu SA théorie de la frugalité appliquée au tramway, Jean-Dominique Leloup sentit Jérôme Lalère s'agiter sur son siège.

– ... et soyez certain que chaque euro sera justifié, je m'y engage. Y a-t-il d'autres questions ?

– Si vous permettez, monsieur le président, j'aimerais revenir sur la section de la ligne qui doit desservir Saint-Agreste, dit Jérôme Lalère, car je crois que nous sommes tout à fait dans le sujet. Faire aller le tramway jusqu'à Saint-Agreste, c'est créer un lien fort, un lien moteur avec le reste de l'agglomération. C'est du gagnant-gagnant, et pour Saint-Agreste, et pour l'agglomération rosalbanaise, à laquelle nous sommes fiers d'appartenir. Pour autant, nous

---

[8] Personnes à mobilité réduite

n'avons pas besoin aujourd'hui d'un tramway toutes les sept minutes. La voie unique est une solution astucieuse, que nous avons vue fonctionner dans d'autres villes, peu onéreuse, et qui se justifie avec des fréquences de passage relativement faibles. Elle pourra évoluer vers une voie double quand la fréquentation le justifiera. Et les stations virtuelles que vous voyez sur ce plan pourront être ouvertes plus tard. Cette idée nous a été inspirée par la nouvelle ligne entre Strasbourg et Kehl.

Jean-Dominique Leloup rappela que la desserte de Saint-Agreste était encore en option, puis le débat bifurqua vers la question des travaux. Ignorant le micro que lui tendait l'hôtesse, le patron du café *Chez Paul* déplia sa haute stature et, d'une voix forte qui réveilla l'assistance, commença par faire valoir sa qualité de président de l'association des commerçants du quartier Antelme. Puis il demanda combien de temps lui et ses collègues allaient être empêchés de travailler par les tranchées devant leur porte. Satisfait de son effet, il se rassit et écouta à peine la réponse de Queyzac qui avait "justement une diapo à présenter sur le planning". Billetdoux eut un sourire entendu en voyant Leloup se lever pour "compléter la réponse" et promettre la mise en place prochaine de la commission d'indemnisation amiable.

Une voix cristalline, dûment amplifiée, s'éleva ensuite du fond de la salle pour demander si, par pitié, on pouvait éviter les quinze centimètres de terre végétale engazonnée sur dalle béton, l'une des choses les moins écologiques qui soient.

— Ma chère Rita, répondit Jean-Dominique Leloup dans un sourire gourmand, je suis content que vous posiez cette question. Figurez-vous que nous avons justement quelques idées intéressantes au sujet de la biodiversité, un thème qui vous est cher, nous le savons. Ce serait d'ailleurs un comble si, à Rosalban, le tramway n'était pas exemplaire dans ce domaine. Je vous invite, ainsi que vous tous ici, à participer à nos ateliers de concertation lors desquels ces sujets et d'autres seront abordés.

– 12 –
Construire sur l'existant et autres idées frugales

Juin année 2 (M - 49)
Les deux premiers candidats à passer l'oral de la consultation de maîtrise d'œuvre n'avaient pas brillé par la fraîcheur de leurs idées. Leurs prestations ternes corroboraient l'analyse que la SPL avait faite de leurs mémoires techniques : sans intérêt, voire hors sujet. Dans la grande salle de réunion de Rosatram où se déroulaient les auditions, Jean-Dominique Leloup affichait un visage fermé. Sans être en mesure de saisir toute la portée technique de ce qu'il venait d'entendre, il voyait bien que l'esprit n'y était pas. Les ingénieurs qui prétendaient l'aider dans son entreprise, pour lui si importante, ne savaient manifestement que reproduire que ce qu'ils avaient déjà fait dix fois dans d'autres villes.
– C'est assez symptomatique, dit-il. Ils n'ont traité la question de la maîtrise des coûts que comme un point parmi d'autres. Alors que cela devrait être au contraire le fil conducteur de leur approche, ou je me trompe ? demanda-t-il en se tournant vers Jansen assis à sa droite.
– Vous ne vous trompez pas, monsieur le président, c'est exactement ça, dit Jansen. Mais nous avons gardé le meilleur pour la fin. Ça va être le tour du groupement Tram F, leur dossier est de loin le meilleur. Ils ont non seulement bien intégré la donnée coût, mais ils arrivent avec des propositions concrètes.
On fit entrer le fameux groupement Tram F (F comme frugalité, fut-il expliqué plus tard). Le responsable du projet, un certain François Andrieux, démarra son exposé par une analyse des différents postes de coût d'un projet de tramway. Il n'aurait pu trouver entrée en matière plus à propos.
Un graphique "camembert" lui permit d'expliquer que 70 % du coût global d'un tramway en France relevait de l'infrastructure, 15 % des études et de l'ingénierie, et 15 % du matériel roulant. D'autres graphiques suivirent, qui décomposaient l'infrastructure par poste : génie civil, voie ferrée, lignes aériennes de contact, équipements divers et centre de maintenance. À mesure qu'il parlait, il devenait clair que,

dans chacun de ces compartiments, de nouvelles façons de faire pouvaient entraîner des économies.

Rassuré, Jean-Dominique Leloup suivait avec intérêt cette démonstration, qui collait si parfaitement à l'idée qu'il se faisait de son rôle de contrôleur en chef des coûts – même s'il comptait bien sur Jansen pour lui présenter un budget irréprochable. En même temps, il se demandait si les "économies de génie civil" dont parlait cet ingénieur n'allaient pas déboucher sur un tramway au rabais, humiliation suprême dont il ne voulait à aucun prix prendre le risque, ni pour Rosalban, ni bien entendu pour lui-même.

— Pouvez-vous nous préciser, s'il vous plaît, ce que vous entendez par *tramway à la française* ? demanda-t-il à Andrieux. En vous écoutant, j'ai un peu l'impression que vous nous proposez de nous écarter de ce modèle, trop coûteux si je comprends bien, mais sans l'abandonner non plus, expliquez-nous.

— Tout à fait, répondit Andrieux. Votre question, monsieur le président, est au cœur du sujet. En réalité, le *tramway à la française* peut se résumer à deux choses : d'une part, une plateforme réservée tramway, d'autre part, le retraitement de tout l'espace public de façade à façade, c'est-à-dire les voies automobiles, les voies cyclables et les trottoirs. Ceci ne doit pas être remis en question. En revanche, on a eu tendance à faire supporter aux projets de tramway des tas d'aménagements urbains connexes, qui n'ont pas de rapport direct avec le système de transport et qui expliquent en partie les vingt-cinq millions d'euros du kilomètre auxquels on arrive classiquement. Ce que nous préconisons, c'est de limiter les aménagements urbains au strict nécessaire.

— Alors on est d'accord ! Mais, tout de même, que voulez-vous dire par "ne pas tout casser", si vous refaites tout, de façade à façade !?

— La tradition française, reprit Andrieux après un coup d'œil à Jansen, a tendance à reprendre intégralement le sous-sol. C'est excessivement coûteux. Quand je parle de ne pas tout casser, je veux dire que nous devons travailler le plus possible sur l'infrastructure des chaussées existantes, en décaissant le moins possible. On économise des matériaux et on récupère la portance des chaussées…

— La portance ?

– Oui, le sol a déjà été tassé par le roulage des voitures depuis des décennies. Si vous voulez, on n'a pas besoin de venir conforter la plateforme par…
– Ah d'accord ! Je suppose que ceci est parfaitement clair pour nos ingénieurs de la SPL… dit-il en regardant alternativement Queyzac et Jansen, qui approuvèrent d'un signe de tête. Donc, vous dites qu'il faut travailler sur l'existant… souterrain, en quelque sorte, mais tous les revêtements urbains seront bien refaits, n'est-ce pas ?

Andrieux confirma ce point et Queyzac ajouta qu'on était en plein dans l'économie circulaire, ce que le président commenta d'un air entendu : "Absolument ! Pas de gaspillage."

Jansen ajouta que cela impliquait aussi de ne pas dévier systématiquement tous les réseaux, et Andrieux le remercia de cette habile transition avant de se lancer dans une série d'explications qui, au vu des économies potentielles, achevèrent de satisfaire l'auditoire.

Alors, reprit Andrieux, je voudrais maintenant évoquer une autre piste intéressante d'économie indirecte.

EXISTANT

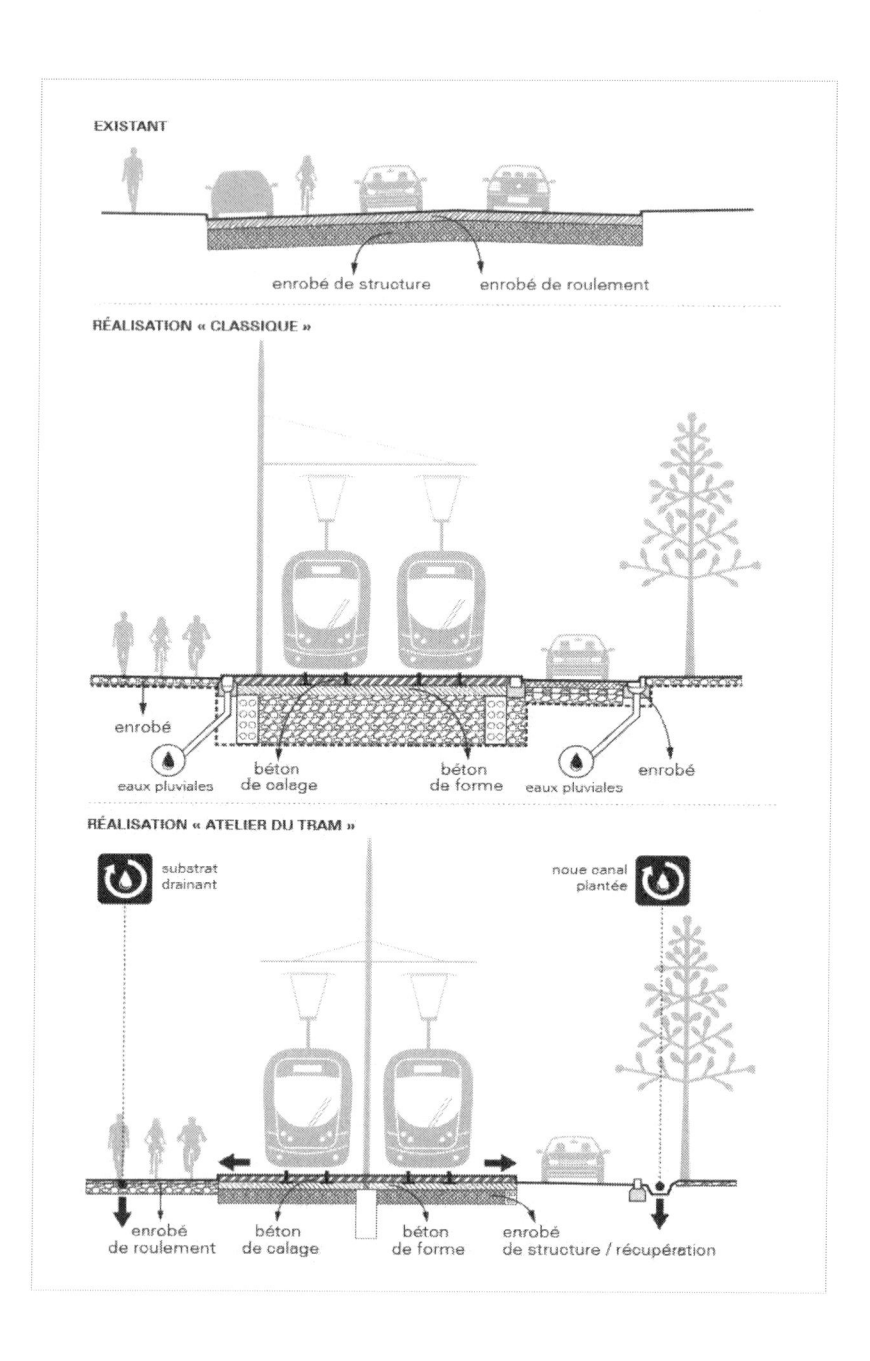

enrobé de structure enrobé de roulement

RÉALISATION « CLASSIQUE »

enrobé
eaux pluviales
béton de calage
béton de forme
eaux pluviales
enrobé

RÉALISATION « ATELIER DU TRAM »

substrat drainant
noue canal plantée
enrobé de roulement
béton de calage
béton de forme
enrobé de structure / récupération

Traditionnellement, la plateforme du tramway est conçue comme une voirie étanche, c'est-à-dire que les eaux pluviales sont rabattues sur le réseau d'assainissement. On sait bien que ces réseaux sont coûteux à l'investissement mais aussi en exploitation puisqu'il faut faire tourner les usines de traitement. Une alternative beaucoup plus rationnelle consiste à construire une infrastructure drainante. Autrement dit, en utilisant des matériaux poreux qui vont permettre aux eaux pluviales de s'infiltrer directement dans le milieu naturel, associés à des dispositifs de régulation du débit, de type noue.
 – Un tramway d'éco-quartier, en quelque sorte, commenta finement Queyzac.

Stamp, qui jusqu'alors s'était montrée particulièrement discrète, absorbée par une prise de notes qui devait lui fournir la matière d'un compte-rendu détaillé, prit alors la parole.
 – C'est ce que nous avons mis en place autour de l'Agrobiopole, pour la gestion des eaux pluviales dans l'espace public. Nous avons ainsi pu faire de sérieuses économies d'arrosage, et la végétation se porte très bien.

Le président voulut ensuite entendre Andrieux sur le budget global prévu pour l'opération. S'il savait compter, cent quatre-vingt-dix millions d'euros pour construire une ligne de douze kilomètres, c'est-à-dire de l'hôpital à l'université plus la branche vers le parc d'activités et l'Agrobiopole, signifiait qu'il fallait être en dessous de seize millions au kilomètre. Cela semblait jouable à entendre Andrieux, mais pouvait-on faire encore mieux ? Pouvait-on, dans le budget prévisionnel, financer aussi les quatre kilomètres supplémentaires de l'extension envisagée vers Saint-Agreste ?

Cette question figurant en bonne place dans le cahier des charges, Tram F y avait naturellement répondu dans son mémoire technique. Afin de ne pas monopoliser la parole, Andrieux laissa un autre membre de l'équipe, une femme, répondre.
 – D'après nos premières analyses, dit-elle, le tramway de Rosalban ne présente pas de difficulté technique particulière. L'idée de réaliser cette extension en voie unique nous paraît à tous excellente et, même s'il faut prévoir un franchissement de l'autoroute pour rejoindre Saint-Agreste, le coût de l'ensemble, sous réserve d'études plus approfondies bien entendu, est a priori compatible avec le budget. Cela conduit, *sur la voie principale* à un coût moyen d'environ quatorze millions au kilomètre, ce qui est faible, mais Besançon a

réussi à descendre à dix-sept avec des ouvrages plus lourds et dans un contexte urbain plus contraint que celui de Rosalban.
Des hochements de tête satisfaits accueillirent cette déclaration.
– Nous n'avons pas encore parlé du matériel roulant, reprit la dame de Tram F. Certes, il ne représente que 15 % du coût global, comme le disait tout à l'heure François Andrieux, mais…
– … mais ce n'est pas à négliger, vous avez tout à fait raison, l'interrompit fièrement Queyzac. Nous avons bien prévu de faire aussi des économies de ce côté-là, en nous inspirant de ce qui a été fait à Brest et à Dijon. Ils se sont entendus pour acheter ensemble leurs rames, en groupement de commande. Les quantités étant plus importantes, les coûts fixes étaient amortis sur une assiette plus large et le fabricant plus disposé à serrer sa marge : ils ont donc pu négocier des conditions intéressantes.
Les gens de Tram F partis, le président et l'équipe de Rosatram n'eurent pas de difficulté à tirer le bilan de la journée. Avant de se séparer, ils évoquèrent la question du planning. Le sujet avait été amené par Queyzac, pour qui la maîtrise des coûts passait aussi par le respect des délais.
– Justement, Antoine, dit Jean-Dominique Leloup en levant l'index comme pour annoncer un échange intellectuel requérant une attention soutenue, on me dit dans les services que ça coûte parfois plus cher d'aller vite…
– Disons que…, hésita Queyzac. Voilà, il faut raisonner par rapport à un coût prévisionnel, ce qui est exactement notre problématique. Quand on étudie le coût prévisionnel d'un projet en cherchant à l'optimiser, on va notamment essayer de réduire le plus possible les coûts qui sont fonction du temps, comme la maîtrise d'ouvrage par exemple, ou la maîtrise d'œuvre.
– Ou encore l'indemnisation amiable des commerçants, ajouta Stamp. Plus les travaux sont rapides, moins on paye.
– Une fois ce budget prévisionnel adopté, reprit Queyzac, tout ce qui vient ralentir le processus augmente les coûts qui sont au prorata temporis. Et quand on veut accélérer pour rattraper le temps perdu, ça coûte encore de l'argent : il faut renforcer la main d'œuvre, et comme les choses sont moins organisées, elle est moins efficiente. L'objectif numéro un du pilotage d'un projet doit donc être de respecter le planning pour respecter le budget, conclut-il en lançant un regard appuyé à Stamp.

TEMPS 2 : DE L'AVANT-PROJET AU CHOIX DES ENTREPRISES

– 13 –
Concertation, temps 2

Septembre année 2 (M - 46)
De Philippine de Marsac à Dorothée Stamp (mail) : "Dorothée, comme promis, voici le compte-rendu de notre réunion d'hier à propos de la poursuite de la concertation. Dans l'attente de vos observations. Bien à vous. Philippine. PS : Nous avons aussi avancé sur les supports de communication pour l'enquête publique, je vous envoie de premiers éléments la semaine prochaine."
Stamp parcourut à l'écran la note de l'agence de communication, l'annotant au fil de sa lecture.
"La concertation préalable au sens du code de l'urbanisme étant achevée, il s'agit maintenant d'associer la population à la conception du projet, dans le but de favoriser son adhésion, mais sans remettre en cause les acquis. [Stamp : Il faut être très clair sur le fait que le projet est maintenant arrêté dans son tracé et ses modalités (dont section en voie unique).]
"On rappelle que, lors de la réunion publique de clôture du 30 juin, le président de la communauté d'agglomération s'est engagé à poursuivre la concertation (non réglementaire) sur les aspects suivants du projet : couleurs des matériaux, végétation (dans le respect de la biodiversité), design des stations. [Stamp : Pour rappel, le calendrier de cette concertation devra être calé et respecté avec soin, afin de ne pas retarder les appels d'offres de travaux. Je vous précise les dates au plus vite].
"Par ailleurs, pour donner suite aux nombreuses idées émises par le public dans la première phase de la concertation, des ateliers participatifs seront organisés sur trois thématiques : 1) Un tramway utile à la vie quotidienne (cf. services), 2) Un tramway respectueux de l'environnement 3) Un tramway utile à l'économie (dont agriculture périurbaine)…'

Suivaient une série de considérations d'ordre pratique auxquelles Stamp ne voyait rien à ajouter. La note était fidèle aux échanges de la veille. *De Dorothée Stamp à Philippine de Marsac (mail)* : "Philippine, Ci-joint mes quelques remarques. J'ajoute qu'il faudrait donner un nom à cette nouvelle étape, quelque chose comme *Comment tirer le meilleur du tramway de Rosalban* ? Enfin, vous direz cela beaucoup mieux que moi ! Cordialement. Dorothée."

– 14 –
Irène Billetdoux n'en peut plus

Novembre année 2 (M - 44)

Croisant Queyzac devant la porte de son bureau, Billetdoux saisit l'occasion de lui parler d'un sujet qui commençait à "partir en live". Sans arrêt, elle était sollicitée pour participer à des réunions à la communauté d'agglomération autour de l'avenant au contrat de la STAR[9]. La mission de l'exploitant du réseau, titulaire d'une DSP[10] récemment attribuée, devait être redéfinie pour englober le tramway.

— Tu comprends, expliqua-t-elle, Jean-Do leur a expliqué en long, en large et en travers que le tramway, c'était Rosatram. Et comme c'est moi qui me suis occupée de la DSP en cours, je suis leur point d'entrée, ils m'appellent à tout bout de champ. J'ai beau leur expliquer que ce n'est pas nous qui gérons l'exploitation…

— C'est vrai et ce n'est pas vrai, dit Queyzac. Ce n'est en effet pas à nous de mettre au point l'avenant, mais il y a quand même, dans la conception du projet, des aspects qui peuvent impacter très directement l'exploitation. Il faut que chacun en soit conscient.

Jansen sortit à ce moment de son bureau.

— Ah ! Justement, Hans ! Comment s'est passée la première réunion avec Étienne Blondin ? C'est l'AMO[11] exploitation, qu'on vient de retenir, précisa-t-il inutilement à l'intention de Billetdoux. Il va nous aider à préciser ces points. Si on a préféré prendre un consultant indépendant plutôt que de travailler avec la STAR, c'est parce que l'exploitant en place aura forcément tendance à défendre ses propres intérêts.

Jansen relata qu'il avait beaucoup été question des appareils de voie motorisés, expression que Billetdoux lui sut gré de traduire pour elle en langue vulgaire par *aiguillages*. Jansen faisait l'hypothèse qu'on pouvait en réduire le nombre au niveau du dépôt et les supprimer carrément aux terminus, où ils pouvaient d'après lui être remplacés par des

---

[9] Société des transports de l'agglomération rosalbanaise
[10] Délégation de service public
[11] Assistant à la maîtrise d'ouvrage

aiguilles talonnables. Il avait demandé à Tram F d'étudier ce scénario, dont il pensait tirer de substantielles économies.
– Bon, je vais vous laisser, fit Billetdoux qui savait d'expérience que ce genre de discussions pouvait se prolonger, parfois jusqu'à fort tard dans la soirée.
– Non, reste Irène ! On est en plein dans le sujet des rapports entre conception et exploitation. Les aiguilles talonnables sont des aiguilles non motorisées avec un système de ressort, c'est plus rustique, mais sans doute très suffisant au terminus en effet.
– Ah ! Tout s'éclaire. Il fallait me parler tout de suite des talons aiguilles !

Queyzac condescendit à expliquer que les exploitants favorisaient les appareils de voie motorisés, qui facilitaient la circulation des rames là où elles devaient changer de voie, mais qu'on pouvait en certains endroits s'en passer, notamment aux entrées et sorties du dépôt. C'était juste une habitude à prendre par les conducteurs. Étienne Blondin était aussi de cet avis, fit savoir Jansen. On pouvait donc éviter cette dépense sans générer de surcoût d'exploitation. Il était important, pour aborder la négociation avec l'exploitant, que ce fait fût bien établi.

La réunion, poursuivit le directeur technique, avait aussi permis d'aborder la question des infrastructures drainantes. Sentant Queyzac la retenir par la manche, Billetdoux dut réfréner son envie de s'éclipser.
– Blondin approuve à cent pour cent la gestion des eaux pluviales proposée par Tram F, dit Jansen. Et l'idée de choisir des végétaux qui n'ont besoin que de très peu d'eau. Pour des raisons de sécurité, on demande en général à l'exploitant d'arroser la végétation liée à la plateforme, et ça se passe rarement bien. Selon que l'eau est à sa charge ou pas, il aura tendance à ne pas assez arroser ou à le faire trop. Donc il est évident qu'un système végétal autonome est préférable, sans compter évidemment l'économie de ressource et de dépense correspondante.
– En résumé, tenta de conclure Billetdoux, Rosatram cherche à faire des économies d'investissement qui ne renchérissent pas l'exploitation, et des investissements qui diminuent le coût de l'exploitation. Il faut voir les choses en coût global, comme dirait Jean-Do. Mais ça ne me dit pas ce que je dois faire pour l'avenant à la DSP.

– C'est simple, répondit Queyzac. Tu leur demandes l'ordre du jour de la réunion. Suivant le sujet, l'un de nous y va, ou pas. Et il ne faut pas hésiter à nous faire accompagner de Blondin.

– 15 –
Questions foncières

Décembre année 2 (M - 43)

Jean-Dominique Leloup fréquentait assez régulièrement le bistrot *Chez Paul*. Le café y était étonnamment bon, et la gouaille légendaire du patron déteignait sur une clientèle d'habitués au verbe coloré. Il n'y avait pas mieux que ce petit théâtre pagnolesque pour prendre la température de la ville, même à huit heures du matin. En s'y rendant ce jour-là, il songeait à sa conversation de la veille avec Baroil, lequel s'était procuré un rapport intéressant auprès de son collègue d'Avignon. L'agence d'urbanisme de cette ville avait évalué la valorisation du foncier dans un rayon de cinq cents mètres autour des deux lignes de tramway, quelque chose comme quatorze kilomètres en tout. La plus-value potentielle, suite à la mise en service du tramway, atteignait huit cents millions d'euros. Évidemment théorique, ce chiffre n'en était pas moins impressionnant.

– Monsieur le premier magistrat ! Lança Paul à peine eut-il passé la porte. Vous faites bien d'en profiter, on sait pas combien de temps on va tenir le coup, avec vos travaux.

– Attendez donc qu'ils commencent, répondit Leloup d'une voix forte où venait de surgir sans s'annoncer une pointe d'accent local. Et si vous parvenez à survivre à ce tremblement de terre, vous serez surpris de constater combien l'avenue Thérèse Antelme va prendre de valeur.

– Si vous êtes en train de me dire que je devrais racheter l'immeuble, présentez-moi votre banquier, j'essaie de ne pas trop croiser le mien en ce moment.

Sans quitter la banquette de skaï rouge, un quinquagénaire rondouillard leva les yeux de la page des sports de la *Tribune de Rosalban* pour tenir au pied levé son rôle dans la conversation.

– C'est comme d'habitude, les commerçants se tuent au travail pour une misère et les rentiers s'en mettent plein les poches sans rien faire.

– Disons que les propriétaires fonciers profiteront de la plus-value apportée par le tramway sans y être pour grand-chose, nuança Leloup.

– Et voilà à quoi sert l'argent public, monsieur le maire, vous n'allez pas dire que c'est normal, ça !
– Oui, enfin, ce n'est quand même pas l'unique vocation du tramway, fit observer le maire. Mais je vous accorde que ce genre de plus-values devrait être taxé. Ça permettrait de rembourser une partie de l'investissement public. C'est d'ailleurs dans la loi du Grenelle de l'environnement, mais on attend toujours les décrets d'application.

Mme Moissac fit son entrée au moment où Jean-Dominique Leloup payait sa consommation. Plus personne, chez Paul, n'ignorait que l'excentrique propriétaire d'un garage sur la rue Auguste Mundel, "dans la famille depuis quatre générations", craignait d'en être "spoliée" à cause de ce "fichu tramway". Pris à partie, monsieur le maire dut s'expliquer.

– Il est un peu tôt pour vous répondre, chère madame, mais sachez que nous voulons acheter le moins de foncier possible. J'ai donné là-dessus des instructions très claires à l'équipe de Rosatram. D'abord nous voulons économiser de l'argent public, comme vous le savez. Ensuite, je considère que c'est au tramway de s'adapter à la ville et non l'inverse. Nous ferons tout ce qui est possible pour éviter votre propriété (surtout si c'est un commerce, ajouta-t-il *in petto*).

Leloup fit habilement glisser la discussion sur des considérations techniques, impliquant guidage par le fer et rayon de courbure. Il en ressortait que, de tous les transports urbains, le tramway était le moins gourmand en espace puisqu'il savait se contenter d'une bande de six mètres de large.

Pénétrant sept minutes plus tard dans le hall de l'hôtel de communauté, il méditait encore sur ces questions foncières, qui lui laissaient décidément un sentiment d'inachevé. Dans l'ascenseur, où nulle rencontre ne vient interrompre sa réflexion, il se rappela le projet de créer une ZAD[12] sur les terrains destinés à la création de l'agro-quartier ouest. Maintenant que l'on annonçait que le tramway allait longer ce site, il fallait rapidement que le préfet crée cette zone pour instaurer un droit de préemption.

"Huitième étage", susurra l'ascenseur en libérant son passager.
– Bonjour Maryse. Dites à Poncet qu'il faut qu'il me reparle de l'agro-quartier, je ne sais pas où on en est sur ce dossier.

---

[12] Zone d'aménagement différé

– Bonjour monsieur le président. Mesdames Stamp et Maalouf sont là.

À peine refermée sur Jean-Dominique Leloup et ses visiteuses, la porte du bureau se rouvrit.

– Pendant que vous y êtes, Maryse, dites-lui aussi de me faire un point sur les fonciers qu'on pourrait regarder tout le long de la ligne de tram.

Jean-Dominique Leloup avait oublié pourquoi Dorothée Stamp et la responsable du service chargé du commerce étaient ce matin dans son bureau, mais n'en laissa rien paraître. Il se souvenait que l'équipe de Dalila Maalouf travaillait à un inventaire des locaux commerciaux vacants dans les secteurs en difficulté de la ville, en vue mettre en place une politique de dynamisation commerciale. Après quelques minutes d'une attention superficielle, il se résigna à entrer dans le sujet. Stamp avait pris la parole.

– …concertation très constructive, y compris de la part des commerçants, mais aussi de la coopérative bio, annonçait-elle. L'idée a émergé qu'on pourrait créer des sortes de pôles de service au niveau des stations du tram. Mais ça reste un peu théorique tant qu'on n'a pas de lieu. La station elle-même n'est pas faite pour ça. Certains ont suggéré qu'on pourrait peut-être utiliser les locaux vacants qui se trouvent au droit des stations.

– Dorothée est venue m'en parler, enchaîna Maalouf, et nous avons pensé que cette idée correspondait tout à fait au type d'initiatives que nous souhaitions soutenir dans le cadre du plan de dynamisation commerciale, …

– … et que c'était le moyen de faire d'une pierre deux coups, acheva Leloup.

Ou trois, songea-t-il, en se demandant si la communauté d'agglomération n'aurait pas intérêt, avant ou pendant les travaux, à racheter quelques murs commerciaux délaissés. Il médita quelques secondes et invita ses interlocutrices à étudier le montage avec soin. "Concertation participative d'accord, mais ambition et qualité d'abord", conclut-il.

– 16 –
Moins on décaisse, moins ça coûte !

Le même jour

— Joli camaïeu, dit Queyzac. C'est quoi, ces couleurs?
— Tu vas comprendre, c'est génial, dit Jansen en passant une main baguée dans sa chevelure léonine d'un beau blond vénitien.

Sur l'écran de la salle de réunion s'affichait une représentation du tracé de la ligne. Un certain Gus, de l'équipe d'ingénierie, était venu leur présenter une première modélisation de l'insertion de l'infrastructure dans le site.

Gus expliqua que les sections colorées en rouge foncé étaient celles où la plateforme se trouvait au niveau de l'espace public existant, comme on le voyait en "zoomant dans la 3D". En rose clair, la plateforme formait une marche de vingt à quarante centimètres. Deux autres teintes signalaient des émergences de hauteurs intermédiaires.

— Nous avons décomposé le tracé selon ces quatre cas de figure, poursuivit-il. Par exemple ici, sur le boulevard Alan Turing au droit des usines Marshall, on est en rose clair, donc avec une surélévation assez nette par rapport niveau actuel de la voirie. Mais ce n'est pas gênant, parce que la voie est suffisamment large pour qu'on puisse rattraper les différences de niveau, par exemple par de l'espace vert de part et d'autre. La continuité de l'accessibilité PMR sera facile à gérer. Inversement, ici dans la boucle de la rue des Remparts, tout est rouge. La rue est trop étroite pour qu'on puisse adapter le profil en travers. On est obligé d'encaisser la plateforme pour être au niveau des seuils du bâti.

— D'accord… fit Queyzac en scrutant l'écran. Donc, en rouge, c'est là où on dépasse le plus…

— Non, c'est le contraire ! répliqua Jansen. C'est là où on dépasse le moins. Gus a mis ces sections en rouge foncé pour signifier que c'étaient celles qui coûtaient le plus cher. On est obligé de décaisser de soixante centimètres environ pour loger toute l'infrastructure dans le sol. Tandis que dans les zones plus claires, l'infrastructure prend autant de place, mais on décaisse moins puisqu'on émerge plus.

61

– Et moins on décaisse, moins ça coûte… Normal ! Jean-Do va adorer ce principe, comme dirait Irène ! Quoique… On n'est pas sûr que Mme Michu adhère complètement à la plateforme à quarante centimètres.
– Et le maire aura tout à fait raison de s'en préoccuper, intervint Gus. Mais ce que vous voyez là, c'est une modélisation un peu "à la hache". Il nous reste du temps pour peaufiner les études d'insertion.
– C'est ça, dit Jansen, on n'en est pas encore au scalpel. En fait, on s'est donné une méthode d'optimisation pour limiter les terrassements et les déviations de réseaux. Et je vais encore te surprendre, dit-il à Queyzac, mais on est là aux antipodes d'une certaine culture française. Un tracé rectiligne, un traitement le plus homogène possible de l'espace public, voilà ce que l'ingénieur français aime et sait faire. Mais on ne dessine pas tous les jours les jardins du Château de Versailles !

Laissant Queyzac encaisser cette aimable pique, il se tourna vers Gus pour lui rappeler que Tram F avait promis de recenser les procédés de construction qui permettaient de diminuer encore la hauteur de l'infrastructure.

– 17 –
Civisme, tu parles !

Mars année 3 (M - 40)

– Dorothée, le président voudrait vous voir une minute, pourriez-vous monter maintenant ?

Un instant plus tard, Maryse introduisit Stamp dans le bureau de Jean-Dominique Leloup. Il voulait revoir avec elle le projet de dossier de presse pour l'ouverture de l'enquête publique.

– "Transport performant, non polluant, évolutif, générateur de report modal de la voiture vers le réseau TC…", lut-il. C'est vrai, mais je voudrais qu'on parle aussi du stationnement. À partir de maintenant, nous devons prendre l'habitude de communiquer simultanément sur le tramway et sur le stationnement, car l'un ne va pas sans l'autre.

– Et que souhaitez-vous en dire, demanda Stamp ?

– Nous devons préparer les Rosalbanais à une augmentation des tarifs de stationnement et à des amendes plus sévères en cas de défaut de paiement. Ce n'est pas moi qui le dis, c'est la Cour des comptes, dit-il en ouvrant le dernier rapport public annuel de cette institution. Écoutez ceci : "…seul le renforcement des politiques de stationnement et les limitations apportées à la circulation des véhicules individuels en centre-ville sont à même d'améliorer la vitesse commerciale et donc l'attractivité des transports urbains. C'est le prix à payer pour faire progresser fortement et durablement la part des transports en commun…". Évidemment, ce n'est pas la chose qu'un élu a le plus envie de défendre. Tiens, savez-vous pourquoi les Suisses prennent plus que nous les transports en commun ? demanda-t-il.

– Par un sens du civisme peut-être un peu plus développé ? Risqua Stamp.

– C'est ce que tout le monde répond ! fit Leloup en tapant nerveusement le bord de son bureau du plat de la main. Mais ce n'est pas ça du tout, il suffit de regarder le prix du stationnement là-bas pour comprendre pourquoi les gens renoncent à leur voiture.

Ils discutèrent un moment de la manière de mieux valoriser la création des parcs relais et des pistes cyclables accompagnant le tramway. Sans oublier la desserte de la gare SNCF.

– Vous savez, Dorothée, même les choses les plus évidentes, il ne faut jamais hésiter à les rappeler sans cesse. C'est la base de toute pédagogie ! Au fait, quel âge a votre fils, maintenant ?

– Vingt-deux mois. Il aura tout juste cinq ans pour l'inauguration du tram !

– Ah ! Oui, en effet. Je me souviens que, celui-ci, vous l'avez livré juste avant de rentrer à la SPL, si vous me permettez ce jeu de mot d'un goût douteux.

Elle permettait. Le président s'assura pour la forme que tout était bien prêt pour l'enquête publique, qui devait démarrer la semaine suivante, avant de libérer la jeune femme.

– 18 –
Court ou allongé ?

Mai année 3 (M - 38)

Les communautés d'agglomération de Rosalban et de P… avaient avalisé le principe d'un groupement de commande pour l'achat de matériel roulant. Queyzac, son homologue de P… et Blondin étaient réunis pour évaluer différents scénarios. Une pluie drue tambourinait à la fenêtre.

– Le scénario "tramway court" n'est pas forcément une bonne idée, dit Blondin, même pour des villes moyennes comme les vôtres. Il vaut mieux choisir des rames standard de trente-deux mètres.

– Le tramway court est quand même moins cher à l'achat, et nous n'avons pas besoin d'une capacité énorme, fit remarquer Queyzac.

– Pour le moment, non, répondit Blondin. Mais ça va évoluer. Et tu peux jouer sur l'exploitation pour adapter l'offre à la demande. Tu prends un tram de trente-deux mètres et tu le fais passer toutes les six minutes au lieu de quatre. Il te faut moins de conducteurs, tu es gagnant. Et c'est aussi ce qu'il y a de plus standard en France.

– Nous avons tendance à penser comme vous, dit l'émissaire de P… En outre, le jour où le tram de trente-deux mètres arrive en limite de capacité, on peut facilement l'allonger à quarante en ajoutant un bogie et une caisse portée.

– Exact, dit Blondin. Et dans ce cas, il est souhaitable d'avoir prévu des quais de quarante mètres au départ. J'en ai déjà parlé à Hans.

F… proposait aussi de mutualiser la gestion des stocks de pièces détachées, idée intéressante que Blondin se vit chargé de tester auprès de la STAR.

De son côté, lui-même avait examiné une solution "un peu iconoclaste" pour réduire le prix du matériel roulant. Il s'agissait de renoncer aux deux bogies moteurs habituellement présents, précaution qu'il jugeait excessive. D'une part, les pannes étaient rarissimes, d'autre part les conséquences n'en étaient pas forcément dramatiques. On n'était quand même pas dans le métro parisien. Un seul bogie pouvait suffire.

La double motorisation, c'est "ceinture et bretelles" pour un risque somme toute très modéré ! convint Queyzac intéressé.

65

– Modéré, mais quand même un peu supérieur à la situation classique. C'est une chose que l'exploitant regardera de près s'il doit subir des pénalités pour non disponibilité du service. Mais si le délégataire assume le risque, l'exploitant n'a pas vraiment de raison de s'y opposer. Et on peut faire une économie d'environ soixante mille euros par machine, sans parler de la simplification de la maintenance.
– Ça représente quoi, statistiquement ?
– La disponibilité du service passerait de quatre-vingt-dix-neuf virgule neuf pour cent à quatre-vingt-dix-neuf virgule cinq pour cent, c'est de cet ordre-là. Un risque de panne totalement indolore pour l'usager, et bien plus faible que la probabilité d'incidents divers et variés qui peuvent survenir dans la circulation.

On conclut que cette piste était intéressante, mais qu'il appartiendrait aux élus de décider si le jeu en valait la chandelle.

– 19 –
Un lot unique, vous n'y pensez pas !

Le lendemain

Il pleuvait maintenant depuis une semaine et certains prétendaient même avoir vu de la neige fondue le matin même. Ce mois de mai pourri ne parvenait pas à entamer le moral de Queyzac. Il est vrai que les choses se présentaient au mieux. Ses échanges réguliers avec le président de la commission d'enquête publique le laissaient espérer une issue favorable, son équipe étant mobilisée pour répondre en temps réel aux questions et apporter des solutions aux rares points faibles du dossier. Jansen faisait un travail remarquable avec Tram F, qui avançait à bon rythme pour finaliser le projet et préparer les DCE[13] d'ici la rentrée. Il en était à se dire qu'il devrait songer à préparer ses vacances quand son téléphone sonna.

– Bonsoir, monsieur le président.
– Bonsoir Antoine. Dites, j'ai lu votre note, le lot unique pour l'infrastructure, ça m'ennuie. On va me dire que ça exclut *de facto* les entreprises locales. En plus je viens d'en parler avec Baroil, il pense que ça nous fait prendre un risque important en cas de défaillance de l'entreprise.
– Pour entreprises locales, quand elles existent car vous savez qu'il n'y en a pas dans le domaine ferroviaire, elles devraient largement participer au chantier, via des contrats de sous-traitance. Il faut aussi se rappeler que les grands groupes de BTP auxquels vous pensez sans doute sont des pourvoyeurs d'emploi très importants en région. Et puis il restera des lots ouverts, par exemple le paysage.
– Admettons, dit sèchement Leloup.
– Et pour ce qui est du risque, il est justement minime avec un groupement, qui assumera le risque de défaillance d'une de ses composantes. Inversement, dans le cas d'un grand nombre de lots, il suffit qu'une entreprise ait un problème pour que tout le chantier soit ralenti.

Un silence attentif accueillit ces arguments. Tout en se promettant de dire son fait à Baroil, et en regrettant l'erreur de débutant qu'avait

---

[13] Dossier de consultation des entreprises

constitué l'envoi de cette note sans préparation, Queyzac profita de l'avantage pour dérouler la suite de sa démonstration.
— En revanche, il y a plusieurs avantages à grouper dans un même lot ce qui relève du génie civil et du ferroviaire…
— Qu'est-ce que vous mettez là-dedans ?
— La voirie, la plateforme, les lignes aériennes de contact, le déroulage des câbles… C'est ce qu'ils ont fait à Besançon. Un grand nombre d'interfaces étant gérées à l'intérieur du groupement, c'est beaucoup plus simple pour la maîtrise d'œuvre, et plus sûr pour le maître d'ouvrage. En outre, l'entreprise qui pose les rails a un rôle d'entraînement sur les autres : pour elle, il faut avancer sans trop se poser de questions !
— Et au niveau du prix ?
— On sera plutôt moins cher qu'en lots séparés, où chaque entreprise inclut une part de risque dans son prix. Dans un lot unique, les risques sont gérés à l'intérieur du groupement et cet effet cumulatif n'existe pas.

Le président promit de réfléchir.
Il était plus de vingt heures quand Queyzac proposa à Jansen d'aller prendre une bière chez Paul avant que celui-ci ne ferme. Ils durent la boire rapidement, tandis qu'une réunion privée commençait dans l'arrière-salle. Un gai brouhaha ponctué de chaleureux "Bonjour !" leur parvenait. Queyzac et Jansen aperçurent Rita Joyeux en grande conversation avec Dalila Maalouf. Paul les mit gentiment dehors et alla rejoindre ses hôtes.

– 20 –
Ouf !

Octobre année 3 (M - 33)

Baroil leur fit connaître la nouvelle à dix-sept heures. Billetdoux envoya aussitôt un texto à Stamp, en vacances en Andalousie. Et à Jansen, qui s'était enfermé dans son bureau avec François Andrieux. Tandis que Billetdoux s'affairait, Queyzac fouillait son tiroir à la recherche de l'objet approprié. À peine arrivé, Gus sentit que quelque chose se passait.

– Ah ! Gus. Tu vas nous sauver ! lança Queyzac. Tu as toujours le petit outil de ton grand-père ?

– Natürlich ! dit Gus en tirant de son légendaire sac à dos, de couleur indéterminée, le non moins légendaire limonadier qui ne le quittait jamais.

– Excellent, dit Queyzac. Parce qu'on n'a pas de champagne, mais on a du vin jaune, dit-il en désignant la bouteille qui refroidissait déjà dans un seau à glace improvisé.

– Et du comté ! dit Billetdoux, revenant de la cuisine porteuse d'un imposant morceau de fromage. Antoine l'a acheté pour lui, mais vu les circonstances, il en fait généreusement don à Rosatram.

– Et qu'est-ce qu'on fête ? demanda Gus en se penchant pour lire l'étiquette sur la bouteille.

– Le préfet vient de signer la DUP!

– Ça y est ? dit Jansen qui sortait de son bureau, suivi d'Andrieux. Une voix de haut-parleur les fit tous se retourner vers Billetdoux qui, son portable à la main, venait d'établir une conversation vidéo avec Stamp.

– Bonjour tout le monde. C'est un grand jour, alors !

Levant son verre, Queyzac félicita son équipe pour la manière habile et efficace dont les choses avaient été menées pour tenir les délais. Finalement, pendant l'enquête publique, on avait juste revu les distances entre les stations de l'hypercentre et amélioré la sécurité des voies cyclables en divers endroits du tracé.

Stamp, qui était au jus de pomme, rappela qu'un recours contre la DUP restait possible pendant deux mois. C'est ce qui était arrivé à Bordeaux.

À quoi Billetdoux ajouta qu'il serait souhaitable que le législateur prît des dispositions pour éviter des recours abusifs contre les DUP.
Ce qui n'empêcha pas Queyzac de déboucher une deuxième bouteille, qu'ils burent "à la santé du président".

– 21 –
Examen de variantes

Le mardi suivant

En cette période clé de négociation avec les entreprises, Jean-Dominique Leloup présidait chaque mardi une réunion de travail avec l'équipe de Rosatram, afin que les décisions requérant son aval puissent être prises sans délai. La règle établie par Queyzac, et que Leloup avait rapidement faite sienne, était que chaque décision devait être préalablement analysée en termes de budget et de délai. Après les tâtonnements des débuts, la préparation des réunions était maintenant bien rodée, Jansen tenant les cordons de la bourse et Stamp les rênes du planning.

Le programme de ce premier mardi d'octobre comportait l'examen des variantes proposées par le groupement a priori le mieux placé pour remporter le marché du lot infrastructure, le "gros lot", comme l'appelait malicieusement Billetdoux. Il avait été ouvert aux variantes sans limitation.

– À partir de la fourche, expliqua Andrieux en montrant sur le plan l'endroit où la ligne partait soit vers l'université soit vers l'Agrobiopole, ils proposent de tout traiter en ballast plutôt qu'en longrines béton avec couche végétale. Le ballast est moins cher, il est encore plus efficace pour drainer les eaux pluviales, et il est plus rapide à poser. C'est clair, ajouta-t-il comme pour lui-même.

Suivit un exposé détaillé des performances de cette solution qui, bien que sans équivoque, laissa le président dubitatif.

– Esthétiquement, ça ne me paraît pas envisageable, dit-il enfin, comme à regret. Le maire de Blotière pourra peut-être l'entendre, mais, dans les quartiers traversés, les gens vont penser qu'on leur fait un tramway au rabais. Et puis, pendant la concertation, on n'a parlé que de ces fameuses voies végétalisées.

– Une voie en ballast peut également être végétalisée, répondit Queyzac, même si c'est un peu différemment. L'architecte ne pouvait pas être présent aujourd'hui, mais nous avons commencé à en parler avec lui. Il y a quand même des solutions qui ne sont pas inintéressantes. Nous voulions juste recueillir votre première réaction.

Queyzac montra alors des photos du tramway de Dublin, où une voie en ballast existait depuis plus de dix ans, bordée de plantes de vingt à trente centimètres. Des plantes rustiques, précisa Andrieux, demandant peu d'arrosage et plus faciles à entretenir que la couche de vivaces prévue entre les longrines. À hauteur de piéton, ces plantes masquaient entièrement le ballast.

Andrieux fut chargé, avec l'architecte, d'organiser rapidement un voyage à Dublin, puis prié d'en venir à la seconde variante proposée par ce même groupement.

– Si nous vous en parlons, monsieur le président, c'est parce que leur proposition a un impact direct sur l'exploitation, plus précisément sur la gestion des incidents.

Encore! Songea Leloup en se rappelant la discussion du printemps sur les bogies moteurs.

– Dans notre jargon, nous appelons ça les communications. Ce sont des aiguilles doubles qui permettent au tramway de faire demi-tour sans aller jusqu'au terminus. En cas d'incident quelque part, la circulation des rames peut être maintenue sur une partie de la ligne, c'est ce qu'on appelle le service partiel. Sinon, tout est bloqué en attendant que le problème soit réglé. Nous avions prévu d'en mettre cinq, ce qui représente un budget d'environ un million d'euros, mais il est vrai qu'elles ne sont pas absolument indispensables.

– Et pourquoi pas, si vous les aviez prévues ? demanda sèchement le président.

Jansen vola au secours d'Andrieux.

– Au cours des trente dernières années, l'ingénierie française a développé un savoir-faire remarquable, reconnu dans le monde entier. Vue de l'extérieur, de Belgique ou d'ailleurs, la manière française est très reconnaissable à sa recherche de perfection. Mais on ne passe pas du jour au lendemain du principe d'infaillibilité à celui de frugalité.

– Certaines habitudes sont tenaces, compléta Queyzac. C'est pourquoi nous devons réinterroger sans relâche le projet ! Et même s'il est clair que les principaux enjeux financiers se jouent au niveau du génie civil, les petits ruisseaux font les grandes rivières.

Stamp admira l'habileté du duo qui, en moins d'une minute, avait réussi à transformer l'impatience de Jean-Dominique Leloup en gourmandise intellectuelle. Il avait suffi de lui rappeler élégamment sa propre règle de conduite, sans montrer que lui-même venait d'y manquer. Le

président écoutait maintenant avec bienveillance les explications de Blondin. Queyzac l'avait chargé de donner le point de vue de l'exploitant sur le sujet.
- Nous parlons d'incidents qui sont par nature exceptionnels. En outre, notre première ligne est formée de trois branches. Si un problème survient sur l'une d'elles, les deux autres peuvent donc continuer à fonctionner. Mais l'exploitant préférera quand même la sécurité maximale offerte par les communications. Pourquoi ? Parce qu'il est habitué à être pénalisé par le délégataire sur ce qu'on appelle la "non disponibilité" du service. Dans les contrats…
- Si je comprends bien, coupa Leloup, il suffit que la collectivité assume le risque des événements exceptionnels dont vous parlez. Ça ne devrait pas être bien sorcier.

Blondin approuva "totalement" et précisa qu'il fallait quand même pouvoir stopper la circulation sur certaines sections pour effectuer des opérations de maintenance. L'entreprise proposait d'utiliser un appareil appelé californien, qui se posait sur la voie là où l'on souhaitait que le tramway puisse faire demi-tour. Cela coûterait moins cher que les fameuses communications. Jansen poussa le raisonnement un cran plus loin, en suggérant non pas d'acheter ce californien, mais de le louer quand on en aurait besoin. Après tout, ces opérations de maintenance étaient programmées à l'avance : il était facile de s'organiser.

TEMPS 3 : DES TRAVAUX À LA MISE EN SERVICE

– 22 –
Vingt-huit jours (ou vingt-neuf)

Novembre année 3 (M - 32)

"Les gars se succèdent, on n'a même pas le temps de faire connaissance", observait Paul en essuyant son comptoir, au moment où Stamp et Gus firent leur entrée.

– Bonjour Paul, dit Stamp en s'asseyant au bar. Tu n'arrives pas à fidéliser ton personnel ?
– Bonjour Dorothée ! Non je parle des gars des tranchées. Ceux des télécom viennent de plier les gaules.
– Décidément, tu n'es jamais content. On se met en quatre pour réduire la durée des chantiers, et tu trouves encore le moyen de râler !
– Tiens, Mme Planning ! dit Rita qui venait d'entrer à son tour. Tu es en train de leur expliquer comment tu mènes les travaux à la baguette ?
– Pour le moment, les déviations de réseaux se passent plutôt bien, répondit Stamp en rosissant, trahie par sa blondeur diaphane. Mais tout est dans la préparation. Notre objectif était que, sur une section donnée, toutes les interventions sur les réseaux soient concentrées sur un mois.

À la table des joueurs de dominos, on finit par se mettre d'accord sur le fait que les travaux avaient commencé le jour où la Colette avait enfin obtenu son permis de conduire. On se disputait encore pour savoir si cela faisait vingt-huit ou vingt-neuf jours. Problème d'intervalle. Pendant ce temps-là Stamp fournissait avec son sérieux habituel les explications aimablement demandées par Rita.

– On a commencé très tôt le repérage des réseaux, dans le cadre des études d'avant-projet, en fait. Et on a organisé le travail des concessionnaires de réseaux par cantons de 100 m environ, des tronçons, si tu préfères. Tout est planifié de sorte à ce qu'ils

interviennent dans le bon ordre et de manière très rapprochée. D'abord les réseaux d'assainissement qui sont les plus profonds, puis les réseaux d'eau pluviale, puis le gaz et l'électricité et enfin les télécom. C'est un travail très minutieux qui a mobilisé une personne à plein temps pendant plusieurs mois dans l'équipe de maîtrise d'œuvre. Mais ça en vaut la peine car c'est critique pour la tenue du planning général.
— Devant chez moi, sur l'avenue Alan Turing, ils n'ont pas encore commencé les travaux.

Gus se tourna vers le jeune homme qui venait de se joindre à la conversation et lui demanda de préciser son adresse.

— Les déviations de réseaux ne se font pas partout en même temps, expliqua-t-il. Mais devant chez vous, il n'y aura de toute façon que des interventions légères. Cela se limitera au déplacement des bouches à clé et des tampons d'assainissement, des plaques d'égout, si vous voulez. Pour qu'ils restent accessibles.

— En fait, intervint Stamp, c'est Gus ici présent qui a tout prévu ! Lui et son équipe ont passé des heures à caler la position de la plateforme de manière à éviter chaque fois que c'était possible de dévier les réseaux. Finalement, on ne le fait que sur vingt pour cent du linéaire, au lieu de quarante pour cent habituellement.

— Et comme par hasard, dit Paul, vous n'avez pas réussi à les éviter devant chez moi. Vous m'avez vraiment dans le collimateur !

– 23 –
Le planning chemin de fer

Décembre année 3 (M - 31)
En arrivant au bureau ce lundi matin, Stamp consulta sa feuille de temps hebdomadaire. Elle avait pris depuis longtemps l'habitude de noter scrupuleusement, chaque vendredi, ses tâches de la semaine suivante dans un tableau à quatre cases (important et urgent / important et non urgent / urgent mais pas important / ni urgent ni important).
Pour toute décoration, et bien qu'il fût fort laid, Stamp avait affiché dans son bureau, à gauche de la fenêtre, un planning dit "chemin de fer". Vue de loin, cette œuvre d'art assisté par ordinateur évoquait l'improbable fusion d'un arc en ciel maladif et d'un éclair pataud. En s'approchant, et à la lueur des explications que Stamp fournissait toujours de bonne grâce à ses visiteurs non-initiés, on comprenait que ces lignes brisées colorées représentaient la progression des différentes phases de chantiers sur chaque section du tracé. Stamp y trouvait régulièrement collés de facétieux *post-it*. Comme celui-ci, datant du matin même : "Se coucher tôt, demain réunion planning !".
Queyzac entra, la mine préoccupée, et se planta devant le planning. Il venait à nouveau d'avoir le maire de Blotière, qui ne démordait pas de son idée de revoir l'implantation de la station dix-sept. Le débat qu'il croyait tranché ne l'était manifestement pas. Stamp et lui convinrent que Jean-Dominique Leloup était désormais le seul à pouvoir débloquer la situation.

— Au fait, ajouta-t-il, je t'ai dit qu'on avait conclu l'affaire, pour le matériel roulant ? On achètera les dix-huit rames à deux millions d'euros l'unité. On aura réussi à faire une économie de quinze pour cent grâce au groupement de commande.

— Super ! dit Stamp. En plus on va pouvoir passer en CAO[14] dans les temps.

---

[14] Commission d'appel d'offres

– 24 –
La neige

Mars année 4 (M-28)

La journée avait été éprouvante pour Queyzac, qui décida de s'octroyer une longue soirée tranquille et rentra chez lui vers dix-huit heures trente. Rosalban s'était réveillée sous la neige, arrivée sans s'annoncer dans la nuit. Dès les premières heures du matin, les voitures roulaient au pas dans un silence ouaté. À onze heures, la ville était entièrement congestionnée.

"C'est sous la neige qu'ont démarré ce matin les travaux du tramway de Rosalban…". Queyzac augmenta le son du téléviseur qu'il avait allumé pour suivre les actualités régionales. Les images qui défilaient à l'écran montraient Jean-Dominique Leloup stoïque sous un grand parapluie aux couleurs de Rosalban, entouré de personnages emmitouflés parmi lesquels il se reconnut.

Prévue de longue date, l'annonce officielle de lancement des travaux, qui n'aurait pu connaître pires circonstances, avait été maintenue sur l'insistance du président, qui n'était pas homme à se laisser décourager par si peu. Vaille que vaille, les élus s'étaient débrouillés pour gagner à pied les trois points de ralliement où chacun était attendu pour prononcer un petit discours.

Au début de l'avenue Thérèse Antelme, un Jean-Dominique Leloup tout sourire fournissait des explications au journaliste de la télévision. "D'ici vont partir deux fronts de travaux, l'un vers l'hôpital, l'autre vers l'université. En ce moment même, le maire de Blotière est en train d'inaugurer le chantier qui progressera dans l'autre sens, depuis l'université vers l'Agrobiopole. En procédant ainsi, nous allons réaliser les travaux en vingt et un mois".

Le maire de Blotière, coiffée d'un surprenant bonnet, apparut trois secondes à l'écran, le temps de couper un ruban. Quelques images de l'université pour situer, puis de l'Agrobiopole, pour faire comprendre qu'on avait changé de secteur.

Le reportage montrait ensuite un groupe clairsemé au bord d'un grand terrain enneigé. Jérôme Lalère avait dû être coupé au montage, pensa Queyzac, car ce fut Jansen qui apparut en gros plan. "Nous avons fait le choix de démarrer tout de suite les travaux dans ce secteur, dit-il, car c'est l'endroit où nous allons construire le dépôt et mettre en place d'importants appareils de voie, ainsi qu'une section d'environ un kilomètre, qui nous permettra d'effectuer les essais sans attendre que tout soit terminé". Une *voix off* ajouta que la voie de Saint-Agreste, plus rapide à construire, démarrerait peu après.

Le journaliste du début, posté avenue Thérèse Antelme, revint à l'image. Sauf aléa, climatique ou autre, crut-il bon de préciser, le chantier de voirie et de pose des rails devait avancer de cent vingt mètres environ par mois dans l'hypercentre où il serait achevé en neuf mois.

Queyzac éteignit la télévision. Les choses ne s'étaient finalement pas si mal passées, pensa-t-il. Surtout que, comme il l'avait souhaité, Jean-Dominique Leloup avait réglé le problème de la station dix-sept. Il avait rappelé fermement à sa "chère collègue" que la position des stations avait été concertée en temps utile, et que toute modification entraînait désormais des coûts et des dérapages de planning qu'il n'était pas question d'accepter.

– 25 –
Conférence au rond-point

Juin année 4 (M - 25)

Apercevant Andrieux, Jean-Dominique Leloup le rejoignit en trois tours de pédale et mit pied à terre.
- Sur le pont un dimanche soir ?
- Bonsoir monsieur le président. Vous faites la tournée des chantiers à bicyclette ?
- C'est beaucoup dire ! Disons que j'aime bien me promener par ici et regarder la voie avancer.

Cette rencontre fortuite avait lieu au bord du rond-point Mendès France. Andrieux et le responsable du groupement d'entreprises s'y trouvaient, pour s'assurer que les travaux de la nuit à venir se présentaient bien.
- Ah ! reprit Leloup. Ce sont les fameux travaux de nuit du rond-point qui se préparent.
- C'est cela, dit l'entrepreneur. Nous avons pu finir les travaux préparatoires dans la semaine. Les plateformes préfabriquées sont en train d'arriver. Normalement, demain à sept heures tout est fini. La circulation pourra reprendre normalement.
- Souhaitons-le ! Au fait, dit-il en se tournant vers Andrieux, on m'a parlé tout récemment d'un procédé de pose de voies mécanisée. Apparemment, on gagne aussi pas mal de temps, et ce n'est pas aussi coûteux.
- Tout à fait exact, répondit l'ingénieur. Mais c'est complètement différent. Ici, nous avons fait, comme vous le savez, le choix de la préfabrication pour traiter les carrefours stratégiques. Mais ce dont vous parlez est une technique d'insertion automatique des rails dans une dalle de béton frais, qui est surtout adaptée à de longs tracés rectilignes. À Rosalban, nous aurions pu l'envisager sur le boulevard Alan Turing, mais nous avons fait le choix du ballast, plus économique et plus écologique que la dalle béton. Et rapide à poser, de toute façon. Les sections en dalle béton de l'hypercentre, qui sont plutôt sinueuses, ne se seraient pas bien prêtées à ce procédé.

– Je vois, dit Leloup. Et où en sommes-nous aujourd'hui ? Les gens de la SPL me disent que le chantier avance au rythme prévu, vous confirmez ? demanda-t-il à l'entrepreneur.
– Pour le moment, tout va bien. La grave bitume nous aide pas mal dans l'organisation du chantier…
– La grave bitume ?
– Oui, c'est une des variantes que nous avions proposées dans le marché. Dans le fond de fosse, on met d'habitude une couche de béton de propreté, mais il faut attendre quinze jours de séchage. Nous avons remplacé ce béton par de la grave bitume, sur laquelle on peut intervenir quasiment tout de suite.

– 26 –
Archéobuzz

Novembre année 4 (M - 20)

– Comme par hasard, Dorothée n'est pas venue prendre son thé citron aujourd'hui, elle rase les murs, je vous le dis !

Depuis le début de l'après-midi, les habitués de *Chez Paul* rivalisaient de mots d'esprit impliquant l'un ou l'autre des membres de Rosatram. Mme Moissac était arrivée tout excitée en racontant comment, passant devant ce "fichu chantier", elle avait assisté en direct à la découverte d'un "truc archéologique" qui, d'après les dires des badauds, allait stopper les travaux pendant des mois si ce n'étaient des années.

Vers cinq heures, Jean-Dominique Leloup et Bernard Baroil, penchés sur l'écran d'un ordinateur de bureau, regardaient, consternés, une vidéo postée sur *You Tube*. Une discussion animée, voire virile, semblait porter sur un objet indiscernable gisant au fond d'une tranchée. Des ouvriers casqués s'agitaient devant une foule de curieux amassés derrière une barrière de chantier. Les images ne dataient que de quelques heures, mais une suite impressionnante de commentaires goguenards s'affichait déjà sous la vidéo.

– On ne voit rien, dit Baroil le nez sur l'écran.

– Ça n'empêche pas les gens de raconter n'importe quoi ! Une pirogue ! À Rosalban !

– En même temps, je me demande comment une canalisation qu'on croyait à un mètre sous terre se retrouve finalement à soixante centimètres… bougonna le DGS.

– C'est pourtant ce que me dit Queyzac. Je le rappelle.

Queyzac prit ce nouvel appel du président.

– Nous avons l'explication, monsieur le président. Hans est en face de moi. Il s'agit en effet d'un gros collecteur d'eaux usées. Il n'a pas été bien repéré au départ parce que certaines choses ne se voient "qu'en ouvrant". Le tube est plus épais que prévu.

– Et vous comptez faire comment ?

– On va le descendre. Ça prendra une quinzaine de jours en passant en urgence un avenant au marché de l'entreprise.

– Ça peut passer par un avenant ?

– Largement. Étant donné le montant du marché d'infrastructure, on est clairement en dessous des 15 % d'usage.
– Ah! Vous voyez que j'avais raison de vous conseiller un lot unique !

– 27 –
De la suite dans les idées

Janvier année 6 (M - 5)

Poste de livraison électrique, transformateur principal, redresseur de courant alternatif, onduleur… Un petit groupe d'élèves ingénieurs écoutait le responsable de l'entreprise d'électricité présenter le contenu de la sous-station numéro trois. Jansen, qui les accompagnait ce matin pour une visite du chantier, expliqua ensuite comment Rosatram avait cherché à optimiser la conception des sous-stations.

- Il faut savoir que les sous-stations sont en général utilisées à moins de dix pour cent de leur capacité. Il est donc possible d'en réduire la taille de moitié sans conséquence pour l'alimentation électrique du tramway. C'est intéressant à plus d'un titre. D'abord, l'équipement électrique revient moins cher, ensuite on peut le loger dans un local plus petit. Comme vous le constatez, celui-ci ne fait qu'une vingtaine de mètres carrés, au lieu de quarante à soixante habituellement.

Un jeune homme demanda d'un ton quelque peu arrogant quel était l'intérêt de réduire la taille du local.

- Déjà, il coûte moins cher à construire. Ensuite, il prend moins de place, ce qui veut dire qu'il est plus facile à caser dans l'espace urbain. Cette sous-station, par exemple, nous avons pu la placer le long de la voie. Nous n'avons pas eu à acheter de foncier.

L'ingénieur électricien répondit à plusieurs questions des élèves pendant que Jansen prenait un appel téléphonique urgent. Quand il eut fini, il reprit le fil de son idée. Jansen ne laissait jamais passer une occasion d'expliquer comment il faisait faire des économies à la communauté d'agglomération de Rosalban.

- D'une manière générale, nous avons cherché à alléger autant que possible la politique de précaution qui sévit dans la conception des tramways en France. Je pourrais vous donner des tas d'exemples, mais puisque nous parlons des sous-stations…

- Combien avez-vous de sous-stations sur la ligne ? interrompit le jeune homme arrogant et mal élevé.

- J'allais y venir. On en prévoit souvent trop. Nous n'en aurons que six, c'est suffisant. C'est comme la multitubulaire. Vous allez penser

85

que je saute du coq à l'âne, mais c'est pareil, il n'y a pas de petites économies…
– C'est quoi la multitubulaire, monsieur ?
– Oui, pardon, c'est une série de tubes sous la voie, dans lesquels on fait passer des câbles électriques et des fibres optiques qui servent pour l'information voyageurs, la billétique, les caméras. En général, la multitubulaire est dimensionnée pour faire passer vingt-huit fourreaux, alors que deux suffisent ! Il reste même de la place pour faire passer d'autres câbles, si la collectivité en a besoin.
– Il faut peut-être que vous leur expliquiez, Hans, pourquoi c'est important de réduire l'encombrement de la multitubulaire, intervint l'ingénieur électricien.
– Oui ! Merci Julien. C'est pour ça que je vous disais tout à l'heure qu'on sautait un peu du coq à l'âne. Excusez-moi, c'est un peu décousu, dit-il à l'attention d'une très jeune fille qui ouvrait des yeux ronds. Bon, il faut savoir que le principal poste de coût du tramway reste le génie civil. Dix centimètres de gagnés sur l'épaisseur de la plateforme peuvent faire une différence significative sur les travaux de terrassement, déviations de réseaux, etc. Je puis vous assurer que nous avons regardé cela de très près.

D'autres questions furent posées, auxquelles Julien répondit. L'une d'elles portait sur la consommation énergétique, ce qui l'amena à reparler de l'onduleur qu'ils avaient vu peu avant dans la sous-station. Le président avait tenu à cet investissement pourtant relativement coûteux, qui permettait de récupérer l'énergie de freinage des tramways pour la réinjecter dans le réseau EDF.

– Plutôt que de chauffer les petits oiseaux, intervint Jansen, c'est vrai que c'était une bonne idée. C'est ce qui nous a amenés, en cherchant une économie ailleurs, à ne mettre qu'une sous-station au niveau du dépôt, et non deux comme on le fait d'habitude par excès de précaution.

Jansen emmena ensuite le petit groupe d'étudiants vers le dépôt-atelier. Les premières rames venaient d'être livrées. Les travaux de la ligne ne seraient terminés que six mois plus tard, mais une section de mille mètres était entièrement achevée à la sortie de l'atelier, où les essais avaient commencé.

– 28 –
L'égérie de la biodiversité

Avril année 6 (M - 2)
Comme chaque matin depuis quelques semaines, Billetdoux ne manqua pas de remarquer la camionnette de la Rosalbanaise de Paysage, puis la dizaine d'ouvriers occupés aux plantations le long de la voie sur le boulevard Alan Turing. Comme chaque matin, cette scène paisible la fit penser à son amie Rita. L'affaire des chantiers d'insertion par le paysage les avait rapprochées. Une idée de Rita, dont Billetdoux s'était vu confier le montage administratif. C'était la suite logique du travail qu'elle avait déjà accompli sur les clauses d'insertion des marchés de travaux. Mais Rita voyait les choses de manière plus... globale. Elle s'était débrouillée pour faire financer par diverses institutions un dispositif d'emploi formation aux métiers du paysage, dont le tramway était l'un des chantiers d'application.
Stamp aussi avait eu affaire à Rita, et ne tarissait pas d'éloges sur celle qu'elle appelait "notre égérie de la biodiversité rosalbanaise". Il y avait eu cet atelier de concertation sur la végétation, que Stamp redoutait un peu, où son intervention avait été non seulement applaudie, mais décisive. Sans parler de la Coopérative du Tramway...
Billetdoux décida de profiter de cette belle matinée d'avril qui commençait pour effectuer une visite éclair de chantier. Il fallait avoir vu les rendus en perspective du projet pour savoir que le modelé de terre végétale qui bordait la voie de ballast serait bientôt entièrement tapissé de hautes plantes de différentes variétés. Pour le moment, de timides touffes émergeaient d'un géotextile brun, régulièrement espacées de plusieurs décimètres. Un mince canal bordait l'espace planté pour collecter les eaux de pluie. Les fameuses plantes hélophytes capables d'épurer l'eau dont lui avait parlé Rita, comme ces petits iris des marais, devaient bientôt y prospérer.
Billetdoux se promit de relancer sa recherche d'appartement dans ce secteur, remit son casque et démarra son scooter.

– 29 –
Florence

Juin année 6 (M)

Svelte dans son élégante robe nacrée, le tramway attendait. Sous le soleil aveuglant de cet après-midi de juin, il était blanc comme l'intérieur d'une coquille d'huître. En fin de journée, il prendrait des reflets rosés, gris s'il pleuvait. Mais ce n'était pas prévu.

La petite foule des invités devisait tranquillement sur le parvis de la gare. Enceinte de sept mois et demi, Stamp attendait dans le hall les journalistes qui arrivaient au train de quinze heures cinquante. Quand tous furent là, le tramway ouvrit ses portes. "Direction Saint Agreste par l'Agrobiopole" annonça une voix paternelle (une idée de Billetdoux). La visite officielle commençait.

Bercé par la glisse fluide du tramway, Jean-Dominique Leloup se sentit soudain las à la pensée de devoir débiter aux journalistes présents son discours habituel, bien rodé, depuis près de cinq ans qu'il était le promoteur acharné du fier et frugal tramway de Rosalban. Comme il arrivait parfois, il avait envie d'être seul. C'était généralement le signal d'une transition. Oui, il sentait que l'heure était venue de passer à autre chose. Le tramway était là. Il fallait maintenant se consacrer à construire l'avenir de l'agglomération autour de cet objet tellement convoité, qui allait devenir le compagnon quotidien des habitants.

– Bonjour, je suis Florence… du *Monde*.

Le président n'avait pas entendu le patronyme de la femme souriante, aux yeux verts pétillants, qui se tenait devant lui. Tout en se demandant pourquoi le visage de cette femme d'une cinquantaine d'années lui était si familier, il la salua avec sa chaleur coutumière et la remercia de sa présence. Ils parlèrent un moment de choses insignifiantes. Bien qu'il n'en montrât rien, Jean-Dominique Leloup faisait de puissants efforts pour se rappeler dans quelles circonstances lui et cette femme s'étaient connus, il en avait la certitude. En tâche de fond, son cerveau lui faisait remonter des images incongrues de vacances en Ardèche qui ne lui étaient d'aucune utilité. Il était trop tard pour lui demander de décliner à nouveau son identité.

Stamp aurait pu le renseigner, mais elle se trouvait au fond de la rame avec Queyzac, qui commentait d'une voix forte les caractéristiques de la voie.
– Dans l'hypercentre, le rail est noyé dans une dalle flottante, avec une couche anti-vibratile qui permet d'atténuer le bruit…
– Tiens, dit Florence, des fontaines à eau comme à Strasbourg. C'est une bonne idée par ces temps de canicule.
– N'est-ce pas ! fit Leloup. C'est une des propositions qui sont ressorties de la concertation. En fait, ce n'est pas tant la canicule qui a suggéré l'idée que la question des déchets. Nous voulons inciter les gens à boire l'eau de la ville plutôt que d'acheter de l'eau en bouteille de plastique. Rosalban est assez en pointe sur la question des déchets.
– Je sais, répondit Florence, ce qui acheva de troubler son interlocuteur.
– Mais vous ne savez peut-être pas que nous les avons achetées en groupement de commande avec P…, comme les rames du tramway. Nous comptons les généraliser à l'ensemble du centre-ville.

Sur la place de l'Hôtel de Ville, le tramway dépassa un groupe d'enfants qui agitait les bras dans sa direction, suscitant en retour d'aimables saluts des passagers.
– Et vous en avez eu d'autres, bonnes idées ? demanda Florence dans un sourire.

Queyzac était justement en train de pointer pour l'auditoire les bornes de recharge de vélos et véhicules électriques installées au niveau des sous-stations. Une bonne idée de l'ingénierie, souligna-t-il en désignant Andrieux à l'approbation générale.
– Des tas, répondit le président dans un mouvement de buste en direction de la journaliste. Tenez par exemple, les aires de covoiturage dans les parcs relais. C'est une simple zone tracée au sol à la peinture, mais c'est incitatif.

Aux deux tiers de la rue Thérèse Antelme, alors qu'on quittait l'hypercentre, il fut précisé que le tramway circulait à présent sur des rails fixés sur des longrines de béton. Une infrastructure drainante dont la mise en œuvre avait consommé moins de matériaux que la dalle béton classique, et qui était aussi d'un entretien plus facile.
– Vous voyez, reprit Jean-Dominique Leloup, nous sommes assez portés sur la protection de l'environnement. Il y a des villes qui misent sur le design urbain, sur l'art. Je n'ai rien contre, mais à

Rosalban nous avons voulu concevoir un tramway qui soit en phase avec la culture de la ville. C'est d'abord un instrument de développement durable.

Stamp, qui s'était assise non loin d'eux, fut surprise de constater que le président n'avait pas quitté sa place depuis le début du voyage et s'entretenait maintenant à voix basse avec la journaliste du *Monde*. Celle-ci écoutait patiemment Jean-Dominique Leloup lui raconter comment il avait tenu à concrétiser cette autre bonne idée issue de la concertation consistant à équiper les stations de points de collecte de déchets spéciaux : piles, cartouches d'encre, ampoules… Ça n'avait pas été simple de convaincre tous les organismes collecteurs de cofinancer les containers, mais ils y étaient arrivés.

On arrivait au dépôt des tramways.

Leloup avait temporairement renoncé à identifier la journaliste. Peu importait, finalement, qu'il eût oublié l'origine de l'intimité qui les liait en cet instant. Elle lui fournissait une excellente couverture pour se libérer de ses obligations sociales.

Il dut toutefois réagir à une sollicitation extérieure.

– Pour le dépôt, vous avez fait simple, entendit-il un journaliste dire à Stamp.

– Et comment! Embraya-t-il. C'est un bâtiment frugal, lui aussi. Il n'y a aucune raison d'en faire un objet d'ostentation architecturale. Les architectes voulaient nous emmener vers une sorte de bâtiment emblématique, comme cela se fait souvent. Mais nous avons résisté et réalisé une économie de huit millions d'euros ! Nous avons préféré planter des arbres autour. Comme vous le voyez, ils sont encore petits, mais le tramway est un sujet qui vous incite à voir la vie au-delà des trois ans à venir. Je vous signale que c'est ce qu'a fait Lyon, pour la ligne Rhône Express.

Stamp précisa que le bâtiment était en outre relativement petit, lui aussi, parce que les rames étaient rangées à l'extérieur. Mais que l'atelier était quand même assez grand pour accueillir des tramways plus longs, qui pourraient être nécessaires si la fréquentation augmentait.

Pendant ce temps, le tramway s'était engagé sur la voie unique en direction de Saint-Agreste, événement abondamment commenté par Jérôme Lalère.

– Nous nous sommes inspirés de la ligne de la Côte sur le littoral belge, mais aussi de l'exemple de Valenciennes, disait-il, en le simplifiant car la ligne est plus courte, elle ne fait que quatre kilomètres. À soixante-dix kilomètres heure, on fait l'aller-retour en moins de dix minutes. Comme la fréquence est d'un tramway toutes les quinze minutes, il fait l'aller-retour sans croiser d'autre rame. C'est simplissime en exploitation, et très économique à l'investissement puisqu'il est inutile de prévoir une signalisation ferroviaire pour gérer les croisements.

Jean-Dominique Leloup constata avec satisfaction que la nouvelle bande cyclable longeant la voie était déjà très utilisée. Un cycliste tirant une petite remorque sur laquelle les mots *La Ferme du Puits* étaient peints en lettres d'or mit pied à terre au passage du tramway. À son grand étonnement, il surprit Florence lui faire de grands signes, que l'homme ne vit pas.

— Vous voyez, lui montra-t-il, de ce côté-ci nous avons l'intention de développer l'urbanisation, dans le prolongement de l'Agrobiopole. On ouvrira des stations intermédiaires le moment venu. Ce sera un agro-quartier, un espace où la ville et l'agriculture se développeront en symbiose.

Leur conversation reprit sur ce thème, qui semblait intéresser beaucoup la journaliste. Ils y consacrèrent les dix minutes que dura l'aller-retour vers Saint-Agreste.

Le tramway glissait maintenant sur la voie double en ballast qui empruntait la rue Auguste Mundel. "Direction Blotière Université" avait annoncé la voix paternelle.

Puis, peu après : "Parc d'activités. Attention, à cette station, descente à gauche". La station se trouvait au droit du garage de la Bascule, devant lequel Jansen eut le temps d'apercevoir Mme Moissac, poings sur les hanches. Cette apparition lui rappela les discussions interminables qui avaient entouré la conception de cette station, à un endroit où la rue se rétrécissait. Finalement, Gus avait eu cette idée de quai central unique, qui leur avait fait gagner deux mètres salutaires.

— Nous arrivons à la fourche, disait Queyzac. C'est le seul endroit où nous avons une signalisation de type ferroviaire. À cette exception près, tout est traité comme un système routier, en marche à vue.

Il expliquait à qui voulait l'entendre que Rosatram avait réussi à convaincre l'administration qu'une signalisation ferroviaire ne s'imposait ni aux entrée et sortie du dépôt, ni aux terminus. L'économie ainsi réalisée dépassait quand même le million d'euros.

— Puis-je vous demander une faveur ? murmura Florence.

— Sans aucun doute.

– J'ai un rendez-vous un peu urgent à la station Gauss. Je crois que nous n'en sommes pas loin. Verriez-vous un inconvénient à m'y déposer ?

Sur le quai, elle se retourna pour lui faire un petit signe. Le tramway reprit sa course au moment précis où Jean-Dominique Leloup la reconnaissait enfin. Comme les années avaient passé vite…

– 30 –
Jean-Do

Florence poussa la porte de la Coopérative du Tramway. Un petit groupe de gens de tous âges s'activait à installer de grandes tables de bois sur lesquelles ils posaient des lampes de bureau. Derrière une banque d'accueil fraîchement peinte d'un beau vert d'eau, deux hommes étaient en train de fixer un panneau mural portant l'inscription *Tarifs des services et consommations*. Des caisses de jus de fruit artisanal traînaient ici et là.
Rita surgit du fond du local.
– Florence ! Tu es arrivée !
Rita fit les présentations et expliqua à son amie le fonctionnement de la coopérative. Un espace de co-working, une conciergerie assurant un service de liaison avec les commerçants du quartier, un petit bar associatif… Et le point relais de la Ferme du Puits, dit-elle en l'entraînant vers un local attenant offrant une entrée indépendante.
– Ce sera ouvert tous les soirs jusqu'à vingt-deux heures. Tu commandes la veille par internet et on vient déposer tes produits frais, tes fruits et légumes bio dans les petits casiers vitrés numérotés que tu vois ici. C'est plus pratique que les habituels paniers d'AMAP[15] dont les gens commencent à se lasser.
– C'est comme des casiers de consigne ?
– Exactement. On te donne un code que tu tapes sur ce petit clavier et la porte s'ouvre. On livrera en tramway, enfin peut-être, mais surtout les clients s'arrêteront facilement à la station, sur leur trajet, pour récupérer leur commande.

Quelques heures plus tard, chez Paul
– Florence Aubenas ! s'exclama Paul. Alors comme ça vous êtes venue jusqu'à Rosalban. Rita me l'avait dit, mais je ne la croyais pas. Permettez que je vous embrasse !
La salle était comble. Jean-Dominique Leloup et l'équipe de Rosatram au complet, une bonne partie de Tram F et même Bernard Baroil

---

[15] Association pour le maintien d'une agriculture paysanne

étaient venus prendre un verre pour fêter le succès de la visite officielle de l'après-midi.

Pendant que Paul allait chercher son exemplaire du *Quai de Ouistreham*, un cadeau de Rita, pour le faire dédicacer par son auteure, les nouvelles venues se joignirent au groupe.

— Bonjour Jean-Do, fit Rita. Tu connais mon amie Florence ?
— J'ai bien l'impression de vous avoir déjà rencontrée, en effet, Florence.
— Il y a quelque chose dont je voulais te parler, dit Rita.
— Allons bon, dit Jean-Dominique Leloup sans détourner son regard des yeux verts.

L'idée de Rita consistait à utiliser le tramway pour organiser un service de logistique urbaine nocturne. Il grava l'idée dans un coin de sa tête et laissa Jansen assurer la conversation sur ce sujet qui, apprit-il, était déjà expérimenté dans plusieurs villes françaises et européennes.

— Je propose que nous laissions mûrir cette idée intéressante jusqu'à la saison deux, Rita, dit-il enfin. Vous reviendrez, Florence ?

ÉPILOGUE

Un an plus tard

— Ah ! Vous êtes toujours là, Paul. J'ai craint un instant en voyant votre nouvelle enseigne *Café du Tramway*, que vous n'ayez vendu votre établissement.
— J'attends encore quelques années, c'est un vin de garde. Et puis on ne change pas une équipe qui gagne, vous en savez quelque chose, monsieur le maire. Trois mandats, ça commence à faire !

Jean-Dominique Leloup et Bernard Baroil prirent place à la table près de la fenêtre. Baroil songea que Paul pourrait peut-être bientôt renouveler le skaï des banquettes. Le tramway passa, sa robe de nacre aux reflets bronze annonçant l'orage.

— Bon, dit Jean-Dominique Leloup. Je crois que nous pouvons dire que cette première ligne est un succès. Et nous n'avons connu aucun problème sérieux d'exploitation. La STAR ne se plaint de rien.
— Budget tenu, délais tenus, succès populaire incontestable. Un tramway construit en moins de cinq ans à quatorze millions d'euros du kilomètre qui est devenu une véritable référence en France…
— Vous oubliez que nous avons même réussi à construire quatre kilomètres supplémentaires en voie unique, les quatorze millions concernent uniquement la voie double. Saint-Agreste, c'est du bonus !
— Et ça marche. D'ailleurs il faut que nous parlions du projet d'agro-quartier ouest…
— Absolument. C'est le projet du mandat, il n'y a pas une minute à perdre. À propos, je me suis laissé dire que Dorothée s'ennuyait un peu, maintenant qu'elle a réintégré la communauté d'agglomération.
— Pour le moment, elle passe beaucoup de temps à accueillir des délégations de villes moyennes intéressées par le tramway. Enfin, vous en savez quelque chose.
— On devrait écrire un livre !
— Un livre ?
— Oui, pour raconter l'histoire de la première ligne. Une sorte d'immersion dans la fabrique du tramway de Rosalban.

DOCUMENTS

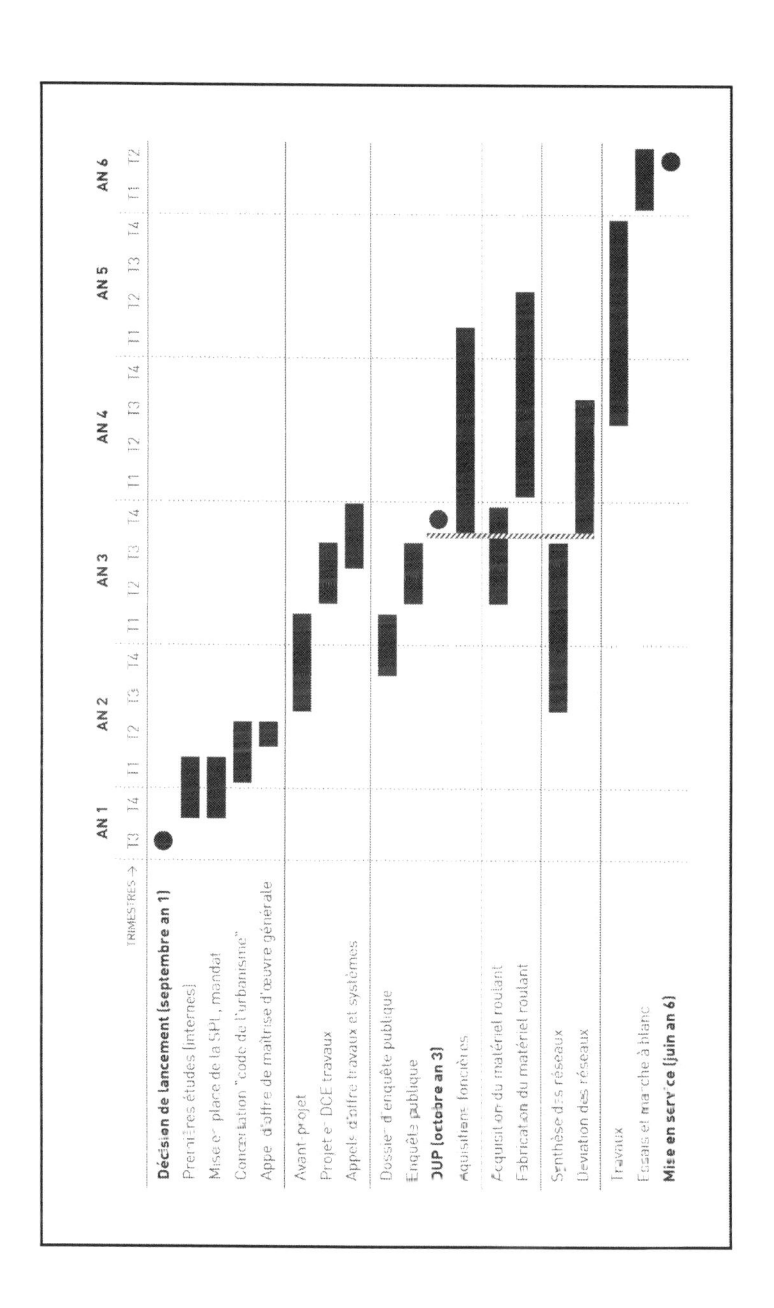

	AN 1	AN 2	AN 3	AN 4	AN 5	AN 6
TRIMESTRES →	T3 T4	T1 T2 T3 T4	T1 T2 T3 T4	T1 T2 T3 T4	T1 T2 T3 T4	T1 T2

Décision de lancement (septembre an 1)
Premières études (internes)
Mise en place de la SPL, mandat
Concertation "code de l'urbanisme"
Appel d'offre de maîtrise d'œuvre générale

Avant-projet
Projet · DCE travaux
Appels d'offre travaux et systèmes

Dossier d'enquête publique
Enquête publique
DUP (octobre an 3)
Acquisitions foncières

Acquisition du matériel roulant
Fabrication du matériel roulant

Synthèse des réseaux
Déviation des réseaux

Travaux
Essais et marche à blanc
Mise en service (juin an 6)

Budget simplifié (suivant codification du CERTU)

	En millions d'euros	12 km Voie double	4 km Voie unique
2A	Fonctionnement de la SPL	8	0
2B	Autres dépenses maîtrise d'ouvrage	4	1
3	Maîtrises d'œuvre	6	1
4A	Acquisitions foncières	4	1
5	Déviation des réseaux	0	0
6	Travaux préparatoires	7	1
7	Ouvrages d'art	0	4
8	Plateforme	6	1
9	Voie ferrée	15	4
10	Revêtements du site propre	9	2
11	Voiries et espaces publics	38	4
12	Équipements urbains	8	0
13	Signalisation	4	1
14	Stations	2	0
15	Alimentation énergie traction	7	1
16	Courants faibles et PCC	2	1
17	Dépôt - Atelier	12	0
18	Matériel roulant	37	0
	TOTAL par ligne	169	22
	M€/ km	14	6
	TOTAL deux lignes	191	
	M€/ km	12	

Remerciements :

Cet ouvrage est le fruit des réunions de l'Atelier Nouvelles Mobilités qui se sont déroulées au premier semestre 2015.

Il n'aurait pas pu exister sans la collaboration, l'expertise et l'enthousiasme des personnes suivantes :

Alain BOESWILLWALD, Alain De CORSON, Alain MASSON, Alain MONTGAUDON, Alain MORIN, André GERVAIS, Béatrice GASSER, Didier MARCAUD, Dominique HURBIN, Elie SPIROUX, Emmanuel BOIS, Éric GRATTON, François DELAGRANGE, François D'HULST, Françoise BATTAULT, Frédéric GHOULMIE, Frédéric NORAIS, G HAMARD, Gérard CHALDOREILLF, Gérard CHAUSSET, Gérard GUYON, Hans Van EIBERGEN, Henri VEYSSE, Hervé CHAINE, Hubert PEUGEOT, J BERNADET, Jaume SEMINO, Jean AUDOUIN, Jean-Claude VAUDOIS, Jean-François ARGENCE, Jean-François SOULET, Jean-Jacques EYRAUD, Jean-Marc REIBELL, Jean-Maxim RISACHER, Jean-Paul LAPIERRE, Jean-Pierre LAPAIRE, Jean-Yves CHAPUIS, Jean-Yves REYNAUD, Joël DIAZ DAS ALMAS, Joël PITREL, Marc DUMONT, Marie-Claude DALIBARD, Maxim PETER, Michel BENARD, Michel LARAMEE, Philibert D'HOTELANS, Philippe BEDEK, Régis HENNION, Richard CANCHON, Robert ASSANTE, Roland RIES, Thierry DELAUNAY, Thierry LALAU, Thomas RICHEZ, Stéphane BRUNET, Vincent CORDONNIER, Vincent COTTET, Yves AMSLER
Ni sans la contribution des entreprises : Alstom Transport, Artelia Group, Colas Rail, Egis et Egis Rail, Eurovia, Infra Services, Ingérop, Kéolis et KCP, NTL, Railenium, SCE, Semitan, Setec Organisation, SNC Lavalin, Stadler Rail, Systra, Transdev, TSO

Ni enfin sans le soutien des Collectivités partenaires de l'Atelier: Besançon, Bordeaux, Brest, Dijon, Grenoble, Marseille, Mulhouse, Nantes, Saint-Etienne et Strasbourg

Printed in Great Britain
by Amazon